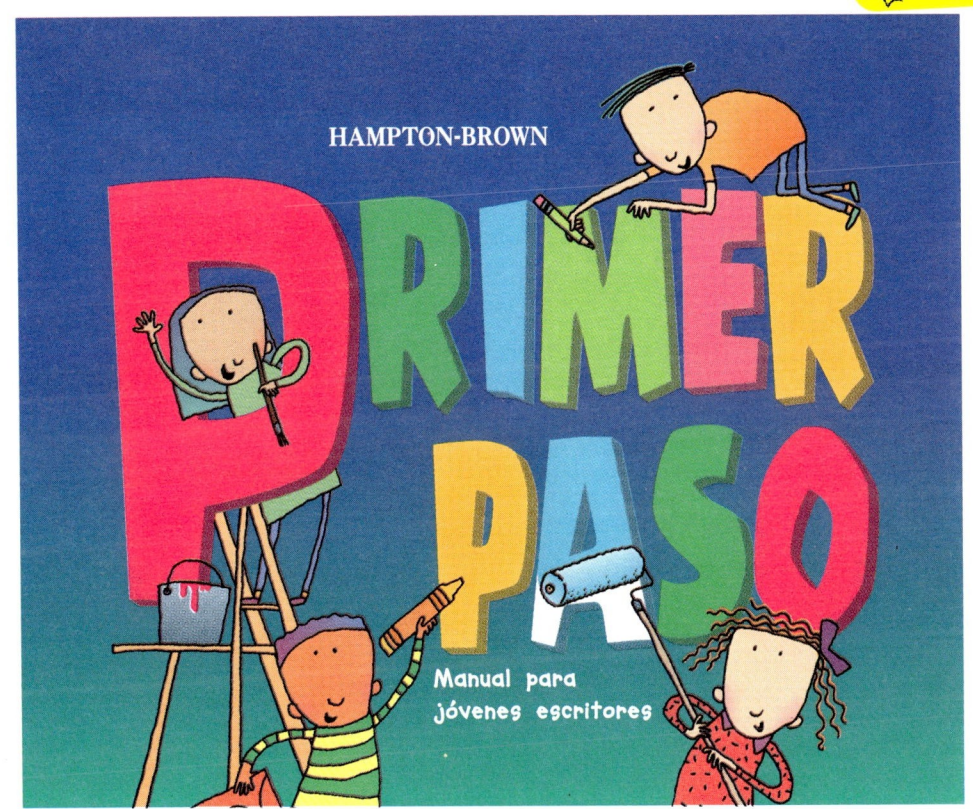

Autores Dave Kemper, Carol Elsholz, Patrick Sebranek
Ilustrador Chris Krenzke

Acknowledgements

We're grateful to many people who helped bring *Primer paso* to life. First, we must thank the writers, editors, and teachers who helped make *Write One*, the English version, a reality.

Betty Anderson
Jane Barbian
Betsey Bystol
Dana Callen
Sharon Frost

Nancy Koceja
Carol Luoma & team
Dian Lynch
Deb Pingle
Jacqueline Scholze

Trademarks and trade names are shown in this book strictly for illustrative purposes and are the property of their respective owners. The authors' references herein should not be regarded as affecting their validity.

Copyright © 2001 by Great Source Education Group, Inc., a Houghton Mifflin Company. All rights reserved.

No part of this work may be reproduced or transmitted in any form or by any means, electronic or mechanical, including photocopying and recording, or by any information storage or retrieval system without the prior written permission of Great Source Education Group, Inc. unless such copying is expressly permitted by federal copyright law. Address inquiries to School Permissions, Houghton Mifflin Company, 222 Berkeley Street, Boston MA 02116.

Great Source Education Group acknowledges The Hampton-Brown Company for its permission to use the following materials, which are copyright © 2001 by the Hampton-Brown Company. All rights reserved.

- Word Study, pp. 86–92.
- Spanish Phonics, pp. 98–135.

Primer paso is the Spanish version of *Write One* © 1999 by Great Source Education Group, Inc.

The United States version of *Write One* is published by Great Source Education Group, Inc., A Houghton Mifflin Company, Wilmington, Massachusetts, United States of America.

Printed in the United States of America

ISBN: 0-7362-0712-0

2 3 4 5 6 7 8 9 10 09 08 07 06 05 04 03 02 01

El primer paso es... ¡divertirse!

Este libro tiene cuatro partes.

El método de escribir Esta parte te dice cómo ser un buen escritor.

Tipos de escritos En esta parte aprenderás cómo escribir notas, cuentos, poemas y más.

Lectura, fonética y más Aquí aprenderás sobre letras y sílabas, y cómo leer y escribir palabras nuevas.

El almanaque del estudiante Esta parte tiene ilustraciones, nombres de animales y lugares, mapas, tablas de matemáticas y mucho más.

Tabla de contenido

El **método** de escribir

Cómo ser un buen escritor

- **10** El problema de Ana
- **20** Para escribir bien
- **22** Los cinco pasos

Algunas reglas

- **28** Las oraciones
- **30** Las mayúsculas
- **31** Formación de plurales
- **32** La puntuación correcta
- **34** Estudio de palabras

Tipos de escritos

Escritos personales

- 38 Diarios
- 40 Listas
- 42 Notas amistosas
- 44 Cartas amistosas
- 46 Cuentos de ti mismo

Escritos temáticos

- 50 Cuentos de otras personas
- 52 Descripciones
- 54 Instrucciones
- 56 Pies de fotos o ilustraciones
- 58 Escritos sobre libros

Escritos de investigación

- 62 Informes
- 66 Libros alfabéticos
- 68 Diarios de estudio

Cuentos y poemas

- 72 Cuentos
- 74 Poemas
- 78 Escribir siguiendo un patrón

Lectura, fonética y más

Destrezas de lectura

- 82 Leer para entender
- 84 Palabras nuevas
- 86 Palabras para todos los días
- 92 La palabra correcta

Estudio de palabras

- 98 Las letras y sus sonidos
- 126 Combinaciones de consonantes
- 128 Sonidos especiales: *ce* y *ci*; *ge* y *gi*; *gue* y *gui*; *güe* y *güi*; *que* y *qui*
- 130 Diptongos
- 132 Familias de rimas
- 134 *al* y *del*
- 135 Palabras compuestas

El **almanaque** del estudiante

Palabras, mapas y listas útiles

- **138** Palabras temáticas
  - **139** El calendario
  - **140** Números y colores
  - **142** Las estaciones y el tiempo
  - **144** Lugares
  - **146** Plantas
  - **148** La pirámide de los alimentos
  - **150** Los animales
  - **152** Los cinco sentidos
- **154** Mapas
- **160** Las matemáticas
  - **161** La hora
  - **162** Los números del 1 al 100
  - **163** Valor relativo
  - **164** Gráficas de barras
  - **165** Dinero
  - **166** Suma y resta
  - **167** Fracciones
- **168** Las computadoras
- **170** La caligrafía

El método
de escribir

Cómo ser un buen escritor

Ana y sus amigos descubren que es emocionante ser un escritor. Cada vez que escriben aprenden más sobre el método de escribir.

El problema de Ana

Es la hora de escribir en el Salón 101. Carlos hace un plan para un cuento. Rosa escribe un poema. ¡Y Luis escribe algo gracioso!

Ana se pregunta: "¿Qué puedo escribir?"

Ana le pregunta a Carlos qué escribe él. Carlos le dice que está escribiendo un cuento sobre perros. Trata de sus tres perros grandes. Él sabe mucho sobre los perros.

Ana se pregunta otra vez: "¿Qué puedo escribir yo?"

Ana le pregunta a Rosa sobre su poema.
Rosa se lo lee a Ana. El poema trata de cuando Rosa fue a pescar con su abuelo. El poema rima.

Ana todavía se pregunta: "¿Qué puedo escribir?"

Luego, Luis se asoma al lado de Ana.
Le muestra la nota graciosa que escribió.
Ana y Luis se ríen de la nota.

De repente Ana piensa: "Esta nota me da una idea".

Igual que sus amigos, Ana se pone a escribir y dibujar.

Ana les escribe una nota a su mamá y su papá.

Hola, mamá y papá:

Me gustan los gatos.

¡Enrique tiene tres PERROS GRANDES!

Yo quisiera tener un gatito.

Con cariño,

Ana

Para escribir bien

Para ser buen escritor debes hacer ciertas cosas.

REÚNE tus materiales: papel, lápices y cosas para dibujar o pintar.

ESCRIBE sobre cosas que conoces.

APRENDE a usar el método de escribir.

BUSCA la manera correcta de escribir las palabras.

- Di las palabras despacio y escucha los sonidos en cada sílaba.

/g/ /a/ - /t/ /o/ → gato

- Mira las palabras del salón.

carteles   pizarrón   letreros

- Pide ayuda.

MUÉSTRALES o **LÉELES** tus escritos a otros.

Los cinco pasos

El **método de escribir** tiene cinco pasos: hacer un plan, escribir, revisar, corregir y publicar.

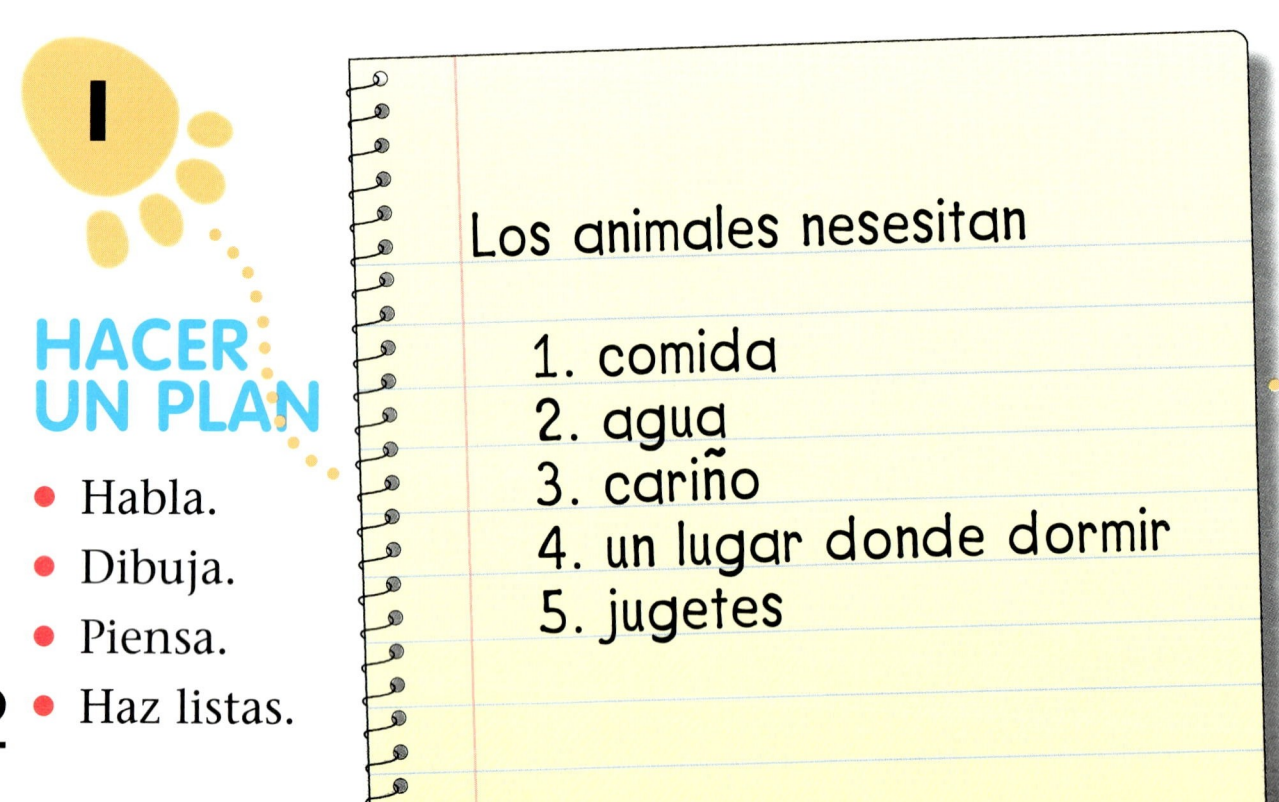

1

HACER UN PLAN

- Habla.
- Dibuja.
- Piensa.
- Haz listas.

2

ESCRIBIR

- Escribe oraciones sobre el tema.
- Escribe las palabras lo mejor que puedas.
- Usa tu plan mientras escribes.

> Animales en casa
>
> Los animales nesesitan comida y agua. Les gusta recibir cariño. nesesitan un lugar donde dormir. Les gusta tener jugetes.

REVISAR

- Lee tu escrito en voz alta.
- ¿Suena bien?
- Haz cambios.

CORREGIR

- Las mayúsculas
- La puntuación
- La ortografía

Animales en casa

Los animales ne*s*esitan *(c)*

comida y agua. Les gusta *(fresca)*

recibir cariño. *n*esesitan *(N)(c)*

un lugar donde dormir.

Les gusta tener jugetes. *(u)*

PUBLICAR

- Haz una copia en limpio.
- Muéstrasela a otros.
- Ponla en un libro de la clase.

Animales en casa

Los animales necesitan comida y agua fresca. Les gusta recibir cariño. Necesitan un lugar donde dormir. Les gusta tener juguetes.

Isabel

25

YUAPFXHBELDS
ZM

Algunas reglas

Todos los escritores siguen reglas. Cuando sigues las reglas, los demás, entienden mejor lo que escribes. En esta sección, aprenderás algunas reglas para escribir oraciones, usar mayúsculas y mucho más.

Las oraciones

Una **oración** expresa un pensamiento completo. Cuando escribes, usas oraciones.

Mamá hizo enchiladas.

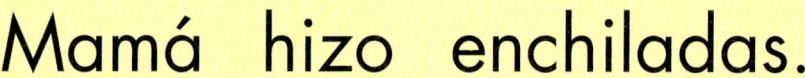

- Empieza con letra mayúscula.
- Deja espacios entre las palabras.
- Termina con un signo de puntuación.

Tipos de oraciones

Una oración que cuenta

> Paco se comió las enchiladas.

Una oración que hace una pregunta

> ¿Quién es Paco?

Una oración que muestra emoción

> ¡Qué goloso es Paco!

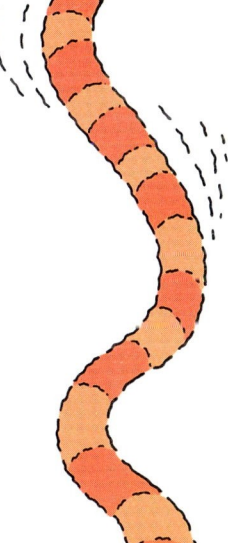

Las mayúsculas

Debes usar las **mayúsculas** correctamente.

En la **primera palabra** de una oración

> Los osos pescan.

En los **nombres propios**

> Lupe   lago Cachuma
> Sr. Vásquez   Honduras

Formación de plurales

Usa el **plural** para indicar "más de uno".

Añade **s** a palabras que terminan en vocales.

> amigo — amigos   caja — cajas

Añade **es** a palabras que terminan en consonantes.

> túnel — túneles   pan — panes

Cuando la palabra termina en **z**, cambia la **z** a **c** y añade **es**.

> luz — luces   pez — peces

La puntuación correcta

Usa **signos de puntuación** para que tus oraciones sean más fáciles de leer.

Los **puntos** van al final de oraciones que cuentan.

> El verano es la mejor estación.

Los **signos de interrogación** encierran una pregunta.

> ¿Cuándo empieza el verano?

Los **signos de exclamación** encierran oraciones que muestran emoción.

> ¡Qué calor hace!

Las **comas** son para pausas cortas.

> Había lápices rojos, azules y verdes.

Las **comillas** se usan para mostrar las palabras exactas de una persona.

> Suzi dijo: "A mí me gusta el azul".

Las **rayas** se usan en diálogos.

> Me gusta tu sombrero —dijo Pablo.
> —Muchas gracias —contestó Sara.

Estudio de palabras

Las **partes de la oración** son palabras de distintos tipos. Aquí tienes cuatro tipos de palabras.

Un **nombre** nombra a una persona, un lugar o una cosa.

amigo	país	libro
Fredi	Perú	Primer paso

Un **pronombre** toma el lugar de un nombre.

yo	tú	él	ella	lo
me	nos	ellos	les	nosotros

34

Un **verbo** muestra una acción o expresa qué es o cómo es algo o alguien.

> Nosotros recogimos muchas manzanas.
> El árbol estaba lleno de manzanas.

Un **adjetivo** describe a un nombre o a un pronombre.

> Papá recogió las manzanas maduras.
> Yo me comí la más grande.

Tipos de escritos

36

Escritos personales

¿Alguna vez has hecho un viaje para visitar a alguien? ¿Alguna vez has ido a un zoológico? Piensa en todas las cosas divertidas e importantes que has hecho. Esta sección te mostrará distintas maneras de escribir sobre esas cosas.

Diarios

Un **diario** es un lugar especial para tu escritura. Puedes escribir en tu diario todos los días.

- Escribe la fecha.

- Haz un dibujo si quieres.

- Escribe sobre cosas que haces y piensas.

7 de octubre

Monto mi bici.
La hago saltar.
Monto con mi papá.

Ideas para tu diario:
- un cuento sobre un amigo
- una lista de deseos
- algo que te gusta hacer
- un lugar donde te gusta ir
- un poema
- preguntas que quieres hacer
- un chiste
- una lista de libros que leíste

Un diario espera tus palabras.

Listas

Las **listas** son fáciles de escribir. Pueden ser largas o cortas, serias o chistosas. Hay muchas razones para escribir listas.

- Muestra lo que sabes.

- Diviértete.

Animales salvajes
león
venado
culebra
lobo
mono
hipopótamo

Palabras felices
alegría
sol
sonrisa
saltar

40

- Recuerda cosas.

Tienda

maíz
leche
manzanas
chiles

Algunas listas que puedes escribir:
▶ Cosas favoritas
▶ Animales
▶ Juegos
▶ Palabras
▶ Amigos
▶ Actividades
▶ Colores

Notas amistosas

Escribir una **nota amistosa** es divertido. Tu nota puede ser una invitación o le puede dar las gracias a alguien.

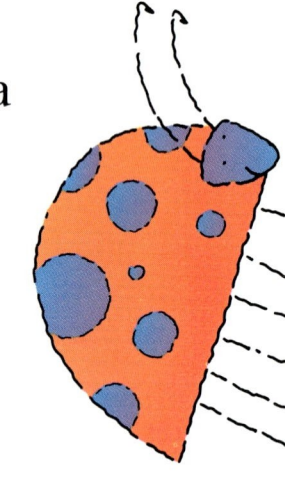

Una invitación

Nela,

Tú eres chistosa. ¿Quieres venir a jugar a mi casa?

Di que sí.
Sara

Una nota que da las gracias

Hola, Sara,

Me divertí en tu casa. Gracias por el prendedor con la mariquita.

Nela

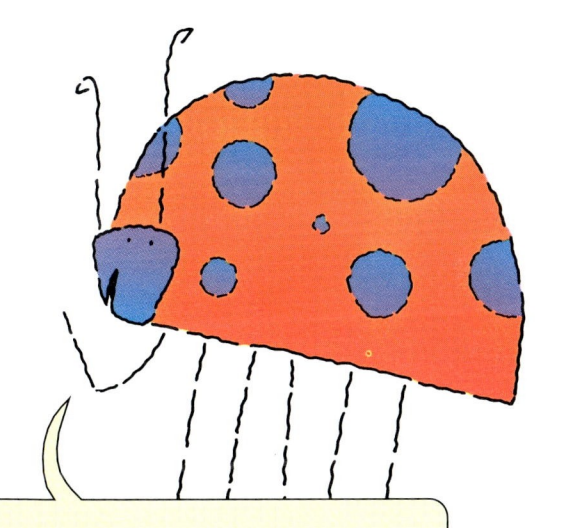

Otras notas pueden decir:
- Cosas amistosas
- Cosas cariñosas
- Cosas chistosas

Cartas amistosas

Puedes escribirle una **carta amistosa** a alguien que vive cerca o lejos.

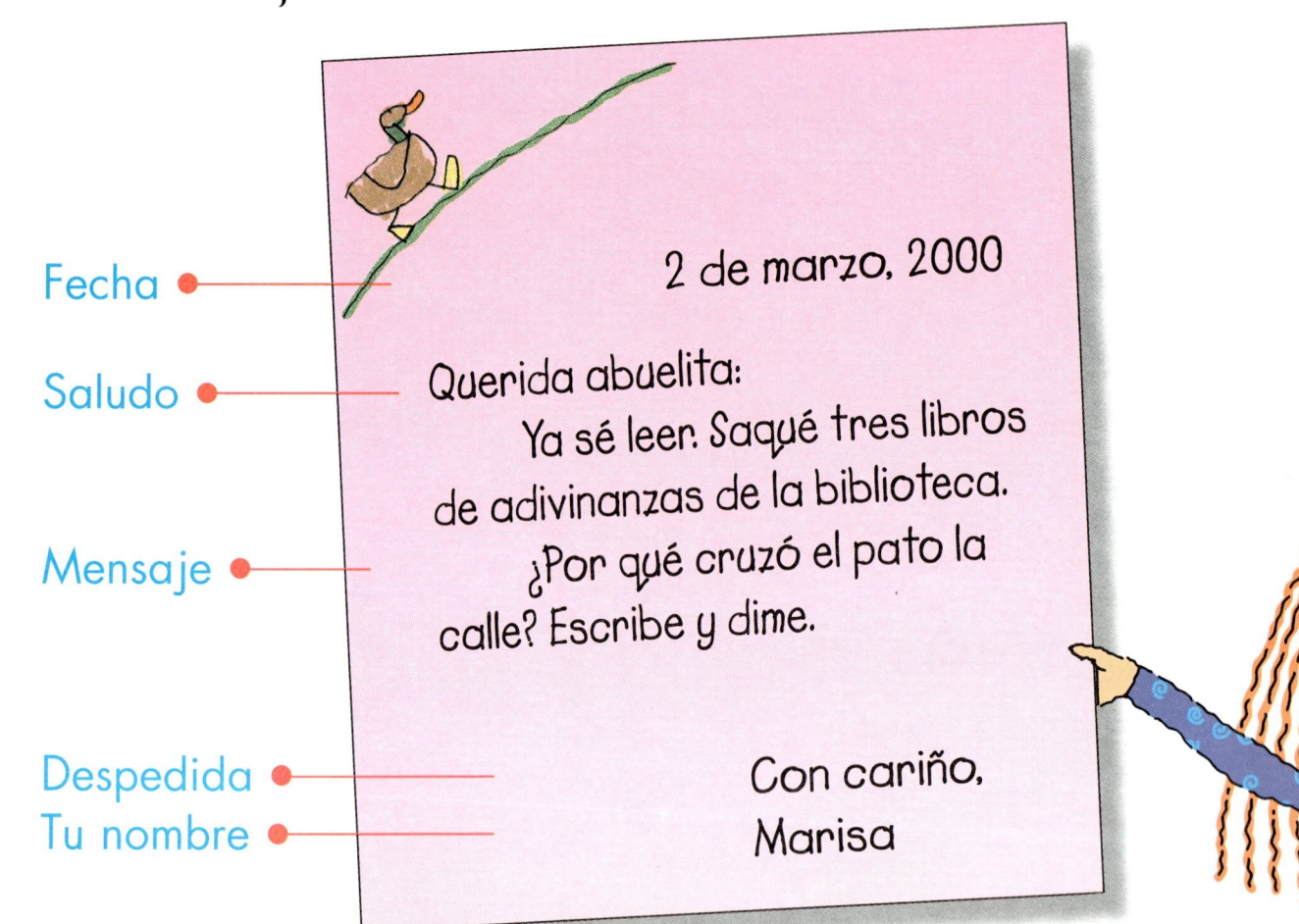

- Fecha: 2 de marzo, 2000
- Saludo: Querida abuelita:
- Mensaje: Ya sé leer. Saqué tres libros de adivinanzas de la biblioteca. ¿Por qué cruzó el pato la calle? Escribe y dime.
- Despedida: Con cariño,
- Tu nombre: Marisa

Para enviar tu carta

Pon la dirección en el sobre. Luego, envía tu carta.

Tu dirección

MARISA PÉREZ
158 ALAMO ST
DENVER CO 80202

Sello

SRA NURIA PÉREZ
1004 PICO BLVD
SANTA MONICA CA 90404

Dirección de la persona a quien escribes

Cuentos de ti mismo

Un **cuento de ti mismo** habla de un evento especial de tu vida. Un mapa de ideas te puede ayudar a hacer un plan para tu cuento.

Un mapa de ideas

- un día feliz
  - Carlitos llegó a casa.
  - Lo cargué.
  - Estaba en una manta amarilla.
  - No lloró.

Un cuento

Un día feliz

Un día, el bebé Carlitos llegó a la casa. Estaba en una manta amarilla. Mi mamá me dejó cargarlo. Estaba haciendo burbujas. No lloró.

Rafael

48

Escritos temáticos

Escribir sobre otros temas puede ser tan divertido como escribir sobre ti mismo. Puedes escribir sobre diferentes personas, lugares, libros y mucho más. Esta sección te enseñará cómo.

Cuentos de otras personas

¿Conoces a alguien sobre quien puedas escribir? Empieza con una idea importante sobre esta persona. Luego, escribe detalles que apoyen tu idea.

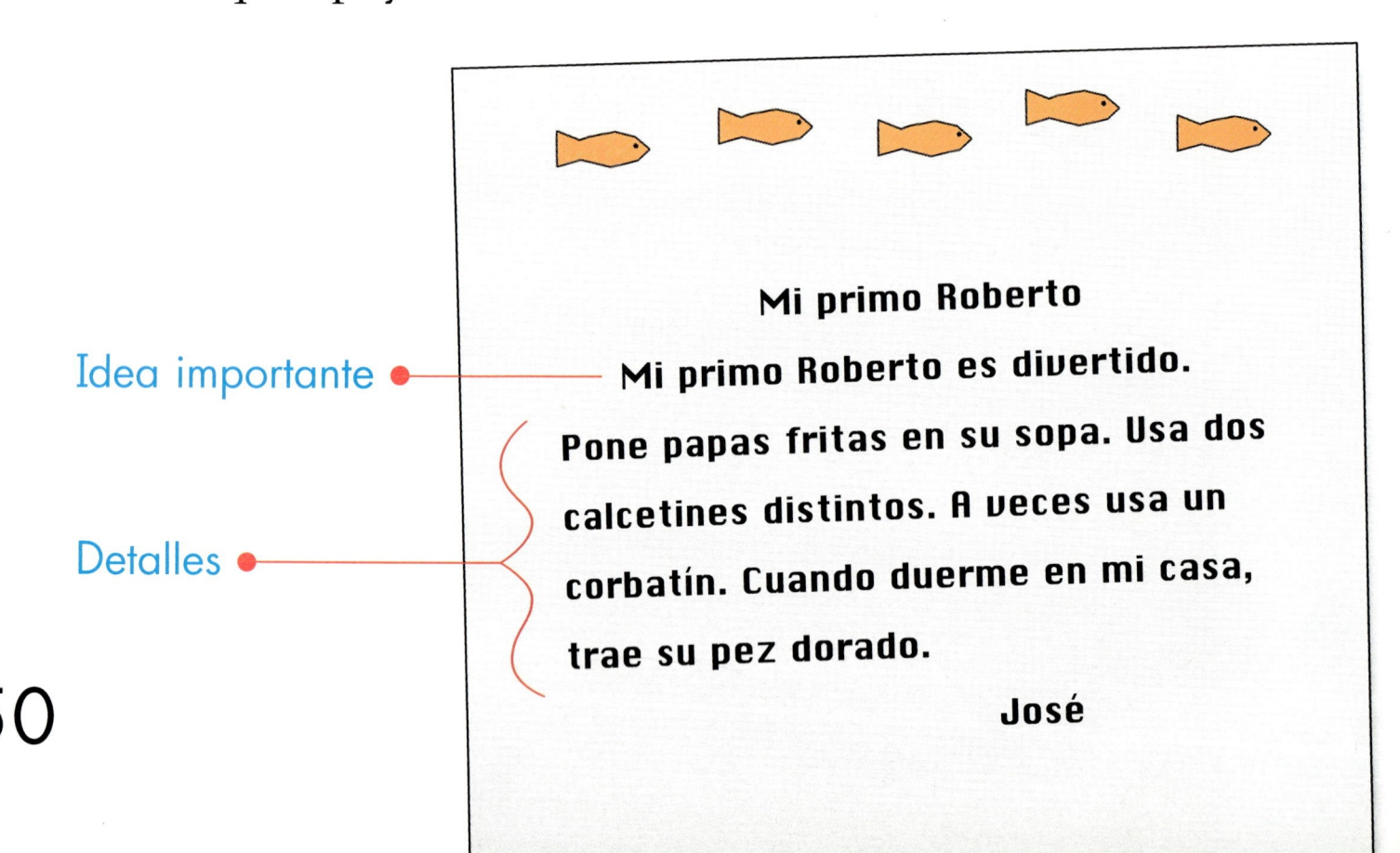

Mi primo Roberto

Idea importante — **Mi primo Roberto es divertido.**

Detalles — **Pone papas fritas en su sopa. Usa dos calcetines distintos. A veces usa un corbatín. Cuando duerme en mi casa, trae su pez dorado.**

José

Escribe sobre:
- Un amigo especial
- Una tía favorita
- Un vecino chistoso
- Una persona famosa
- Tu maestra

Descripciones

Puedes escribir **descripciones** de personas, lugares o cosas.

- Di cómo se ve algo.
- Di lo que sientes al tocarlo.

Nuestro carro

Nuestro carro es verde.
Se puede abrir el techo.
Tiene asientos blandos color canela.
Es deportivo.
A mi papá le gusta mucho.

Usa tus sentidos

Escoge palabras que digan cómo es, qué hace, a qué huele o cómo suena una persona o una cosa.

Mi abuelita

Mi abuelita canta mucho.
Huele a menta.

- Di cómo suena alguien.
- Di cómo huele.

Instrucciones

Cuando escribes **instrucciones**, das los pasos que hay que seguir para hacer algo. Usa *palabras* o *números* para poner los pasos en orden.

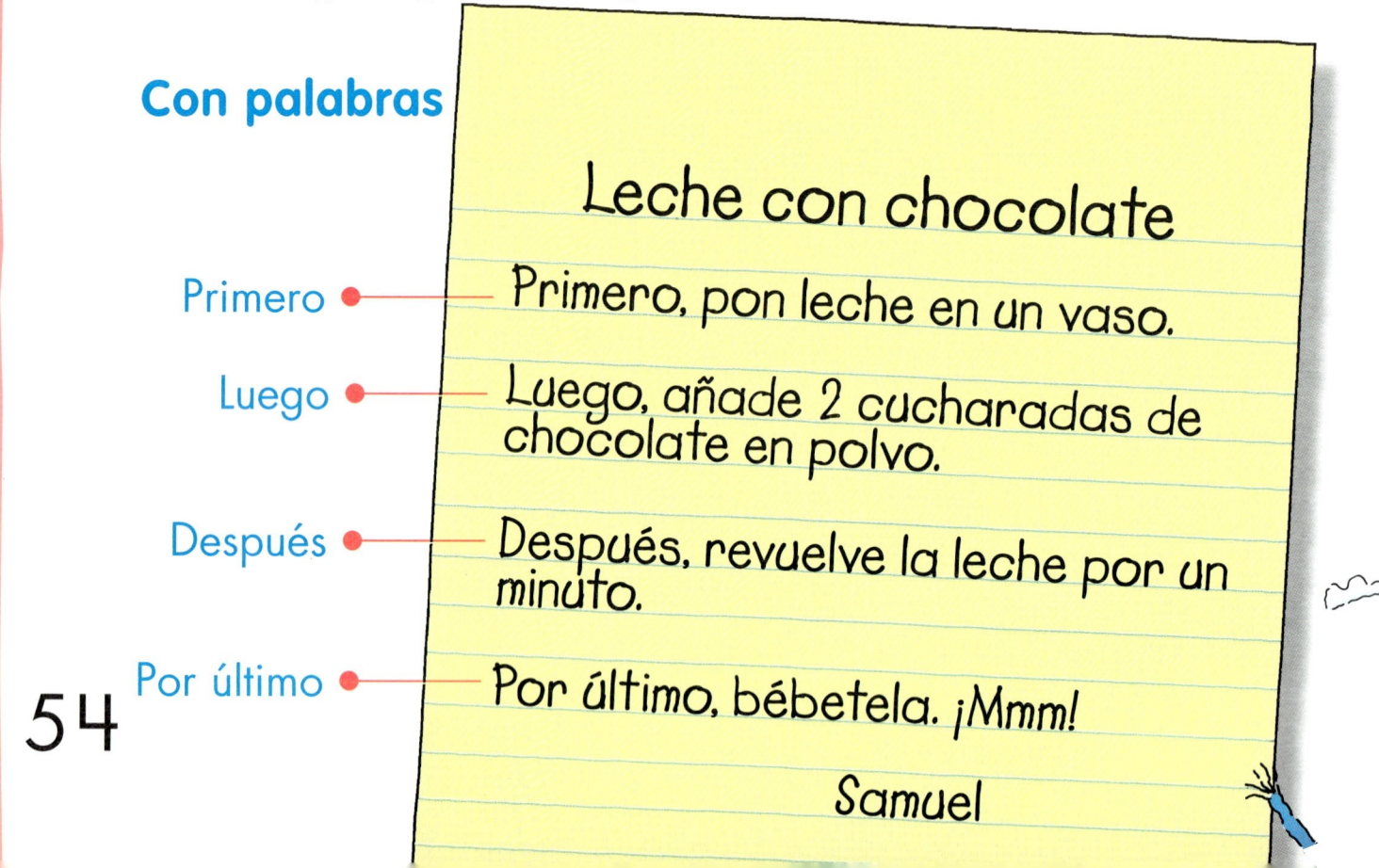

Con palabras

Primero —
Luego —
Después —
Por último —

Leche con chocolate

Primero, pon leche en un vaso.

Luego, añade 2 cucharadas de chocolate en polvo.

Después, revuelve la leche por un minuto.

Por último, bébetela. ¡Mmm!

Samuel

Con números

Antes de ir a la escuela

1. Lávate la cara y vístete.
2. Desayuna.
3. Lávate los dientes.
4. Agarra tu mochila y vete.

Otros tipos de instrucciones:
- ▶ Cómo cuidar un animal
- ▶ Cómo preparar el desayuno
- ▶ Cómo hacer amistades

Pies de fotos o ilustraciones

Cuando añades **pies** (descripciones) a fotos o ilustraciones, las haces más interesantes.

Nos encanta la hora de la lectura.

¡Los diarios van a todas partes!

LA MIGRACIÓN

Las mariposas viajan de un lugar a otro.

Los pies de fotos o ilustraciones te dan información especial.

57

Escritos sobre libros

Leer libros es divertido. Escribir sobre libros es divertido también. Puedes escribir un poema, crear un cartel y hacer muchas otras cosas.

Escribe un poema.

Libro Los tres patitos
por Juan Monteros

Un día bonito
dijo un patito:
"¡Vamos a jugar
un ratito!"

Crea un cartel.

LEE

El pasto más sabroso

por Julia Villa

Es muy chistoso.
A las ovejas les gusta el pasto de los vecinos.

También puedes hablar sobre los libros que lees.

Cuenta de nuevo.

- Di las partes importantes y tus partes favoritas.

Haz una representación.

- Lee tus partes favoritas y las partes chistosas.

WIBNKJZQMS

Escritos de investigación

Es divertido explorar cosas nuevas. "Investigar" significa leer y aprender sobre cosas nuevas e interesantes. Es emocionante también escribir sobre estas cosas. Esta sección te enseñará cómo.

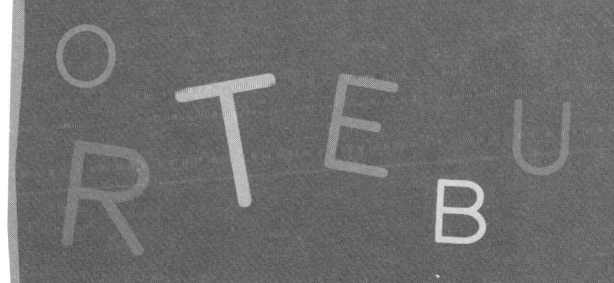

Informes

Cuando aprendes mucho sobre un tema, puedes escribir sobre el tema en un **informe**.

1

HACER UN PLAN

- Aprende sobre el tema.
- Haz una lista o agrupa los datos importantes.

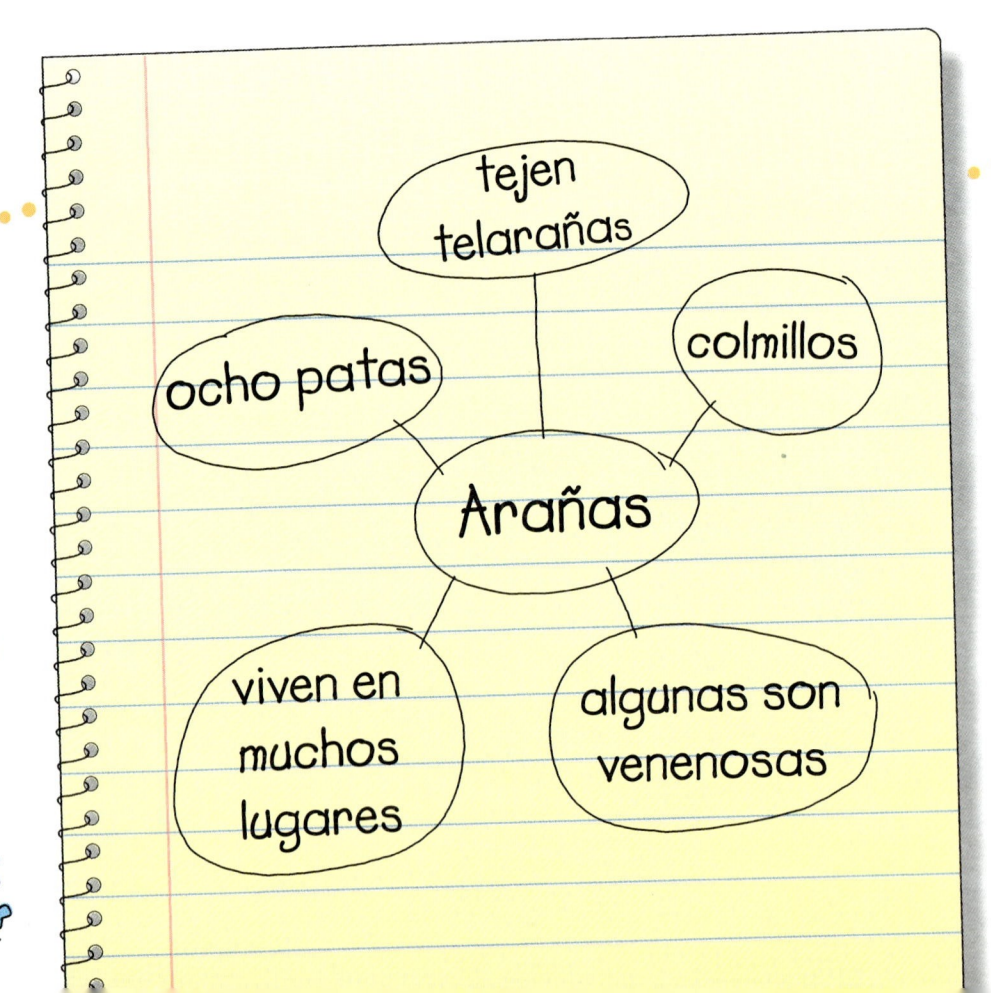

Arañas
- tejen telarañas
- ocho patas
- colmillos
- viven en muchos lugares
- algunas son venenosas

2

ESCRIBIR

- Usa tu lista o tu mapa de ideas al escribir.
- Escribe oraciones sobre el tema.
- Escribe las palabras lo mejor que puedas.

> Las arañas tienen ocho patas. Las arañas tienen colmiyos. Algunas son venenosas. Las arañas tejen telarañas. Algunas viven bajo la tirra. Savías que las arañas no son insectos.

3 REVISAR

- Lee tu escrito en voz alta.
- ¿Suena bien?
- Haz cambios.

4 CORREGIR

- Mayúsculas
- Puntuación
- Ortografía

Las arañas tienen ocho patas. Las arañas tienen dos colmiyos. Algunas son venenosas. ~~Las arañas~~ Casi todas tejen telarañas. Algunas viven bajo la tirra. ¿Savías que las arañas no son insectos?

5
PUBLICAR

- Haz una copia en limpio.
- Habla sobre tu informe.
- Muéstraselo a otros.

21 de abril

Las arañas

Las arañas tienen ocho patas. Las arañas tienen dos colmillos. Algunas son venenosas. Casi todas tejen telarañas. Algunas viven bajo la tierra. ¿Sabías que las arañas no son insectos?

Julián

Libros alfabéticos

Hacer un **libro alfabético** es fácil. Puedes hacer uno solo o con tu clase.

- Escoge un tema.
- Haz una lista de palabras sobre el tema para las letras del alfabeto.

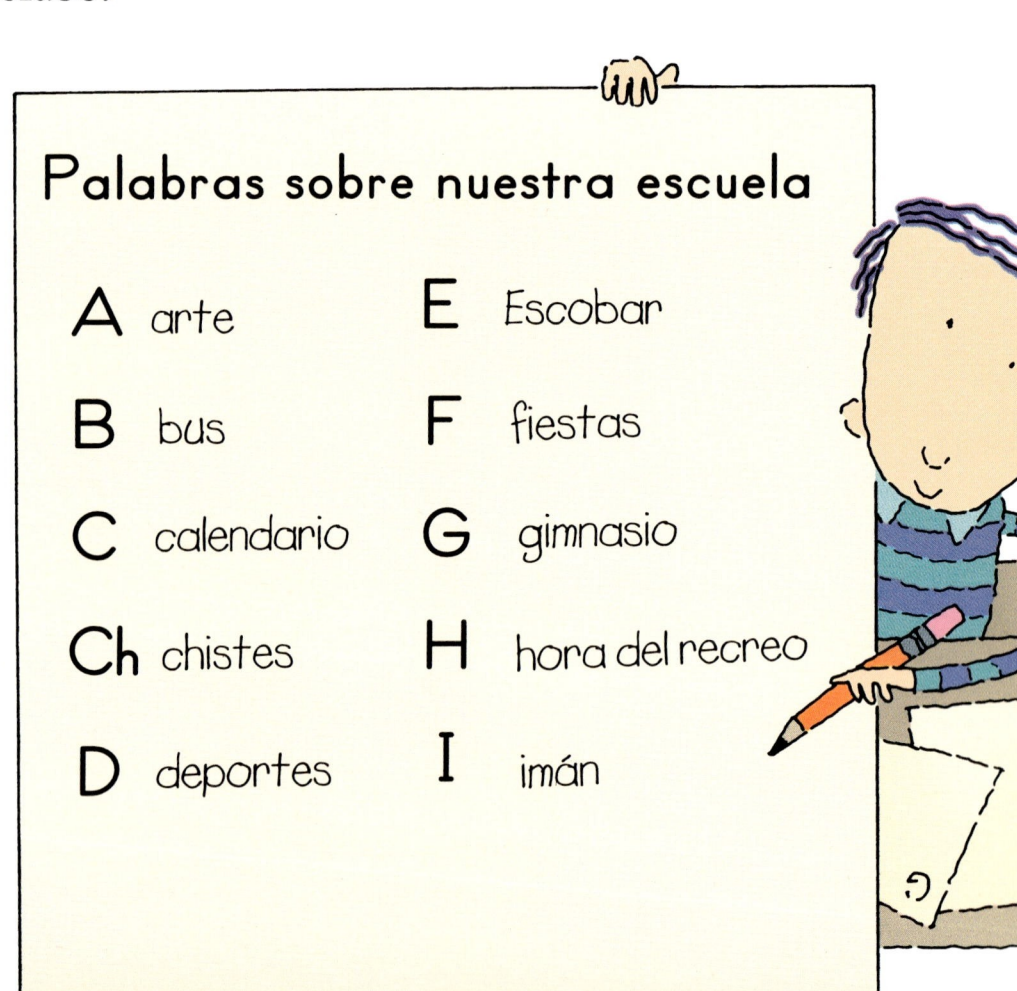

Palabras sobre nuestra escuela

A	arte	E	Escobar
B	bus	F	fiestas
C	calendario	G	gimnasio
Ch	chistes	H	hora del recreo
D	deportes	I	imán

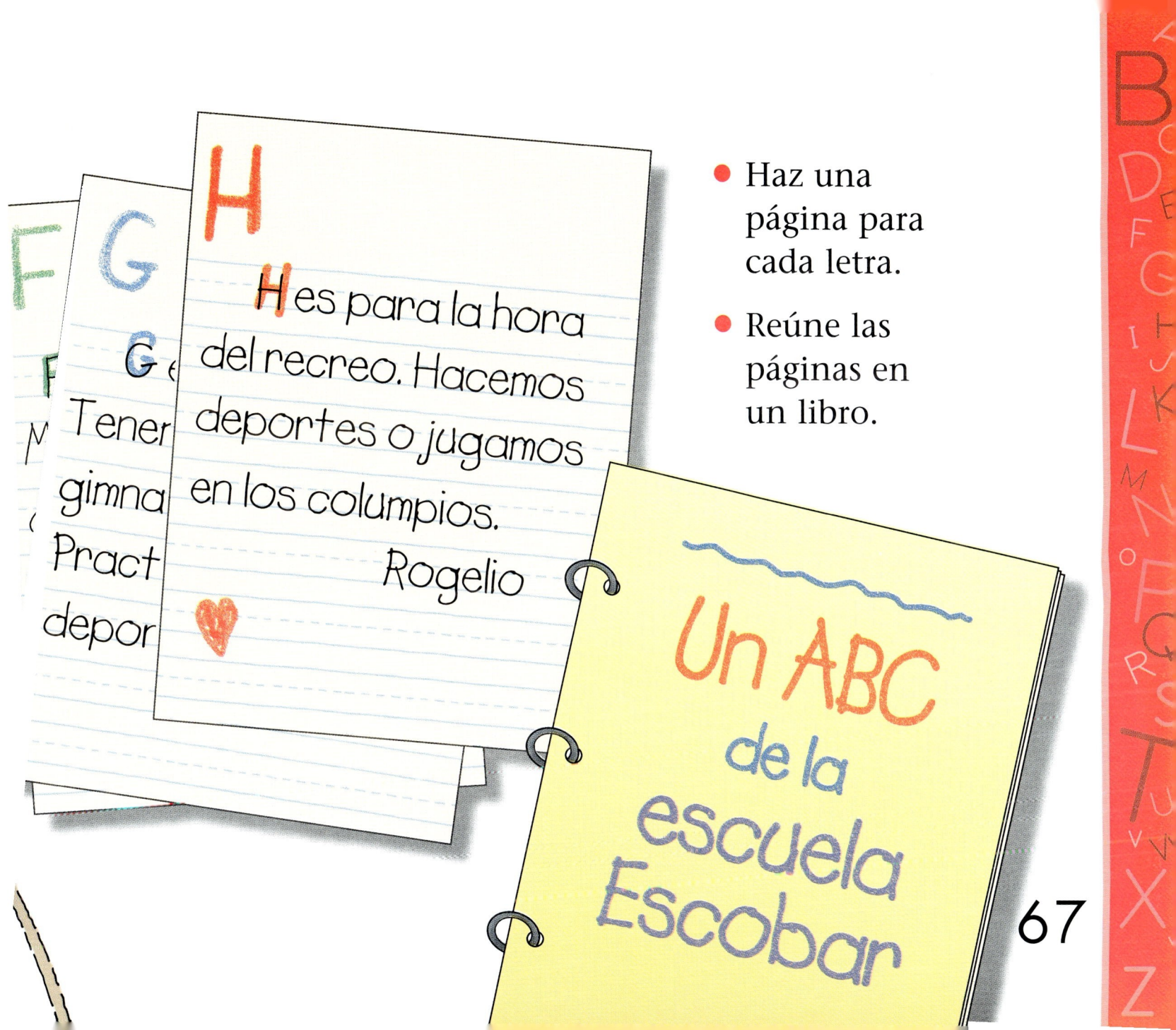

- Haz una página para cada letra.
- Reúne las páginas en un libro.

H es para la hora del recreo. Hacemos deportes o jugamos en los columpios.

Rogelio

Un ABC de la escuela Escobar

Diarios de estudio

Puedes escribir sobre tu trabajo escolar en un **diario de estudio**. Puedes anotar datos, hacer preguntas y escribir listas de palabras nuevas.

Un diario de estudio de ciencias

Día 1
Hoy pusimos semillas en la tierra. Les echamos agua. Esperamos que crezca una planta.

Día 5
Una pequeña planta está brotando. La señora Sánchez nos leyó un libro sobre las plantas. Necesitan sol, aire y agua.

Día 2
La tierra se ve negra. Huele como el campo.

Día 8
La planta sigue creciendo.
¿Cuánto crecerá?

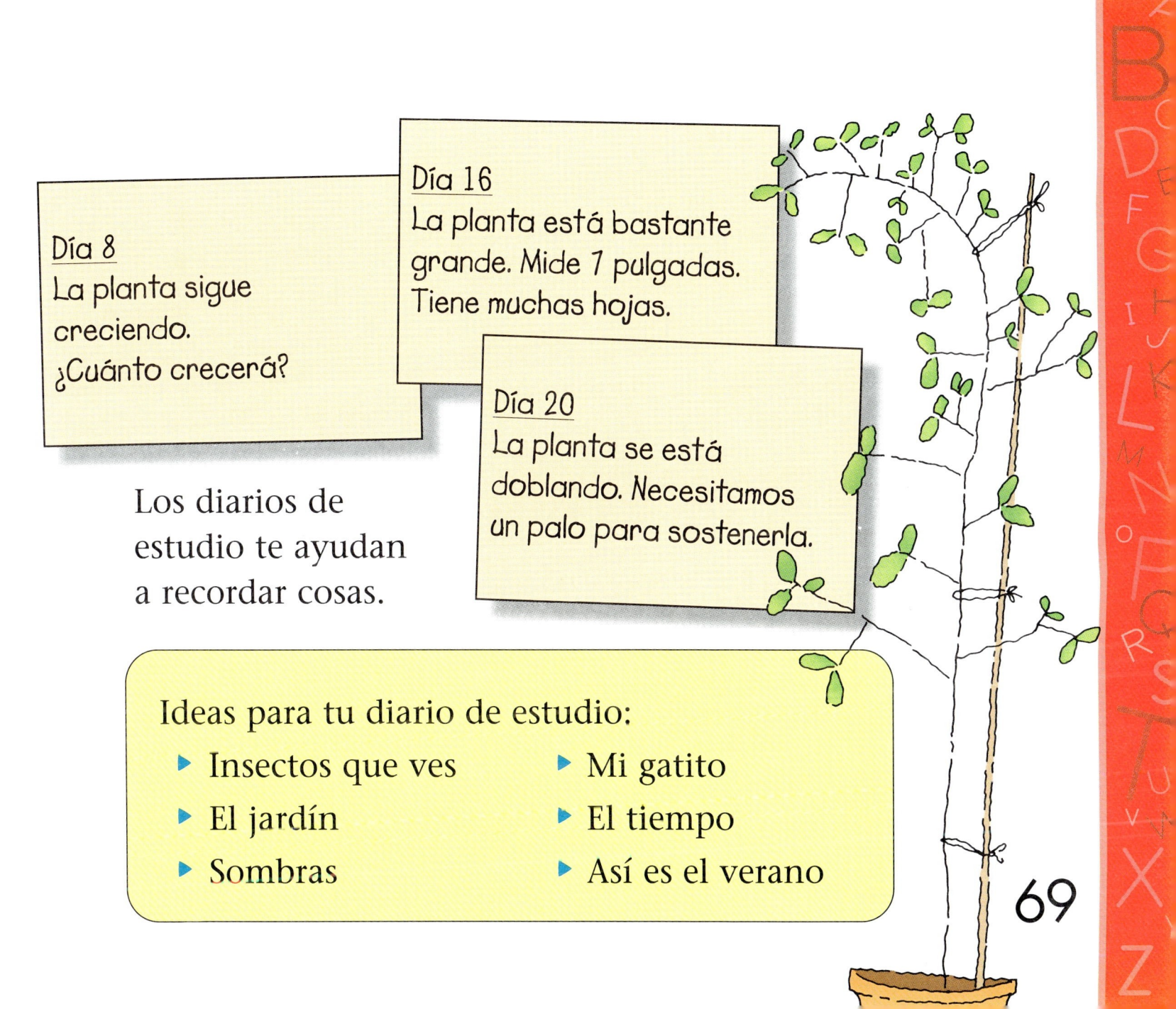

Día 16
La planta está bastante grande. Mide 7 pulgadas. Tiene muchas hojas.

Día 20
La planta se está doblando. Necesitamos un palo para sostenerla.

Los diarios de estudio te ayudan a recordar cosas.

Ideas para tu diario de estudio:

- Insectos que ves
- El jardín
- Sombras
- Mi gatito
- El tiempo
- Así es el verano

70

Cuentos y poemas

Has leído o escuchado muchos cuentos y poemas. Tal vez hasta te sepas algunos de memoria. ¿Te gustaría crear y escribir algunos? Esta sección te ayudará a comenzar.

Cuentos

Si haces un pequeño plan, escribir un cuento es fácil, ¡y muy divertido! Aquí tienes dos maneras de hacer un plan para un cuento.

Puedes hacer un **plan** contestando preguntas.

- ¿Quiénes son mis personajes?
- ¿Qué les pasará a mis personajes?

Puedes hacer un **plan** haciendo un dibujo.

- Trata de contar el cuento en tu dibujo antes de escribir.

Raúl usó un dibujo para hacer su plan. Su cuento tiene comienzo, desarrollo y final.

El gato Beto
por Raúl

Comienzo

Desarrollo

Final

Un día soleado, el gato Beto se sentó en una piedra. La piedra se movió. ¡Era una tortuga! Beto se asustó y salió corriendo. No regresó hasta muy tarde esa noche. Nunca más se sentó en una piedra verde.

Poemas

Los **poemas** son como pequeños dibujos de palabras. Piensa en las mejores palabras para usar en tus poemas.

Versos pareados

- Escribe **dos** versos que rimen.

> Las estrellas en el espacio parecen luces de un palacio.
> – Mario

Terceto

- Escribe **tres** versos que rimen.

> Me encantan los colores, especialmente en las flores, que nunca tienen errores.
> – Gisela

Cuarteto

- Escribe **cuatro** versos. Haz que rimen por lo menos dos versos.

Mi nombre es Sofía.
Sonríe para mí.
Una fotografía
te saco yo así.
— Sofía

Vuelta y vuelta,
rueda de fortuna.
Grande y redonda
como la luna.
— Manuel

Más ideas para poemas

Trabalenguas

- Usa muchas palabras que comiencen con el **mismo sonido**.

> Saúl se sintió super suave como Sammy Sosa.

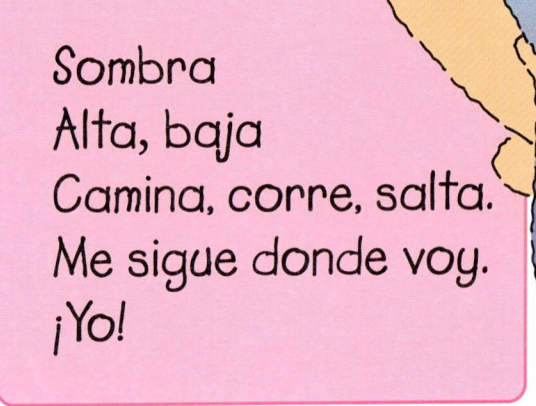

Quintilla

- Escribe **cinco** versos. Sigue la forma de abajo.

Una palabra (el tema)
Dos palabras
Tres palabras
Cuatro palabras
Una palabra

> Sombra
> Alta, baja
> Camina, corre, salta.
> Me sigue donde voy.
> ¡Yo!

Poemas en forma de lista

- Haz una **lista**. Aquí tienes tres ejemplos.

ABCs

Amalia
Baila
Cada
Día.
Está
Feliz.

Ideas

Nieve por dondequiera.
Nieve en la escuela.
Nieve en los columpios.
Nieve en los árboles.
Nieve en las casas.
Nieve bajo los pies.
Nieve en las narices.
¡Nieve por dondequiera!

—Escuela Clarendon
Salón 11

Un nombre y palabras descriptivas

Leal
Un amigo
Impaciente
Serio

Escribir siguiendo un patrón

Puedes escribir canciones, poemas y cuentos que siguen un patrón. Muchos patrones tienen ritmo y palabras que riman.

Canción con patrón

Pimpón

Pimpón es un muñeco,
muy guapo y de cartón,
de cartón.
Se lava la carita,
con agua y con jabón,
con jabón.

Palabras que riman

Una canción nueva

Cuando te sepas el patrón, escribe tus propias palabras.

Simón

Simón es mi amigo
peludo y juguetón,
juguetón.
Comparte su merienda
porque es tan bonachón,
bonachón.

Aquí tienes otros patrones que puedes seguir.
- Los pollitos
- Arre, caballito
- Los elefantes
- San Serení

Lectura, fonética y más

Destrezas de lectura

Esta sección te ayudará a mejorar tu lectura. Te dará consejos para pensar en lo que lees, leer palabras nuevas ¡y mucho más!

Leer para entender

Para leer, tienes que pensar. Debes pensar antes de leer, mientras lees y después de leer.

Antes de leer

HOJEA lo que vas a leer.

- Lee el título.
- Mira las ilustraciones.

HAZ PREDICCIONES sobre lo que vas a leer.

Mientras lees

TRATA de imaginarte algo de lo que estás leyendo.

COMPRUEBA si tus predicciones fueron correctas o no.

Después de leer

DESCRIBE la lectura a ti mismo o a otra persona.

PIDE ayuda si no entendiste alguna parte de la lectura.

Palabras nuevas

Hay muchas maneras de leer palabras que no conoces.

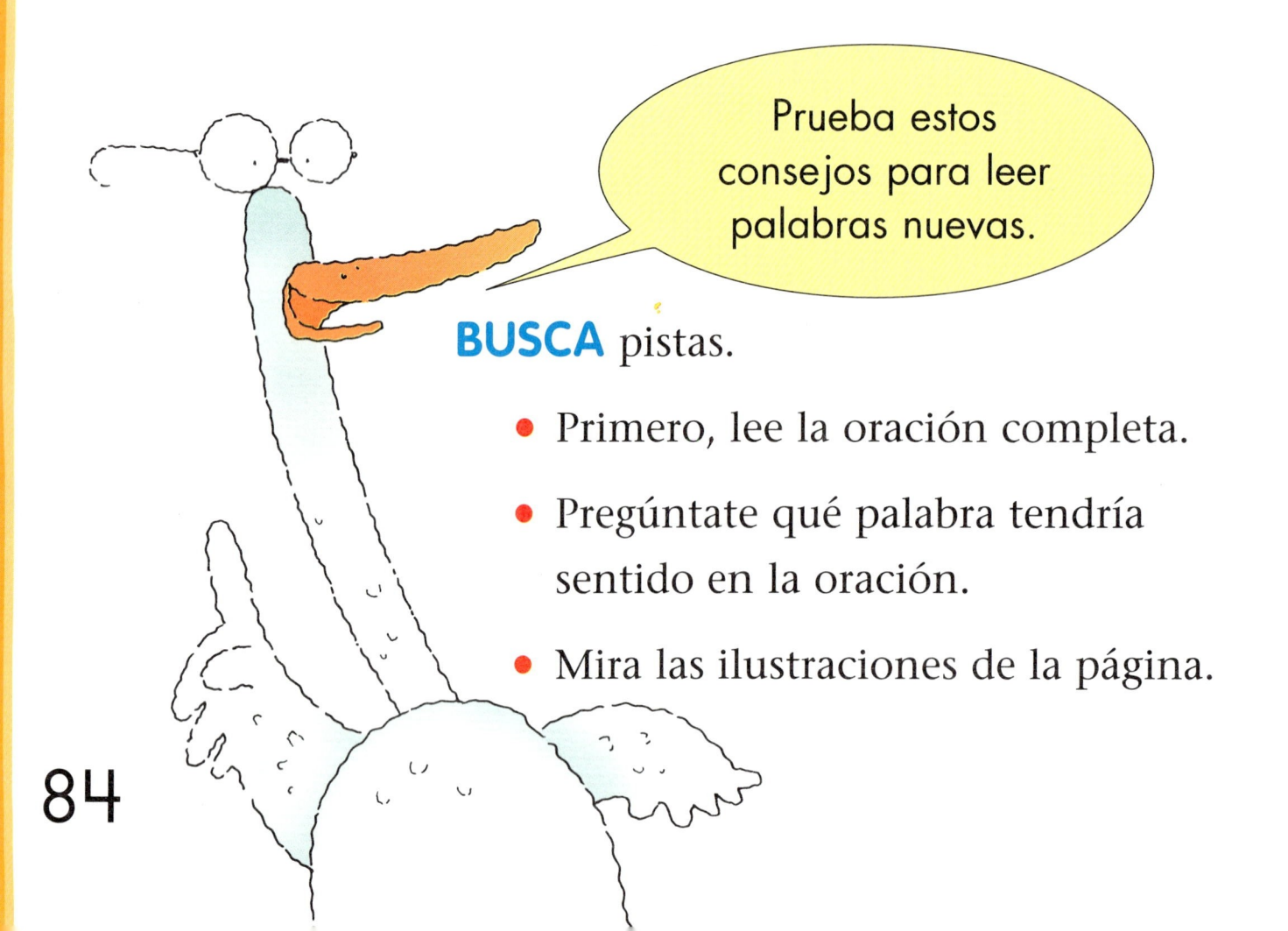

Prueba estos consejos para leer palabras nuevas.

BUSCA pistas.

- Primero, lee la oración completa.
- Pregúntate qué palabra tendría sentido en la oración.
- Mira las ilustraciones de la página.

BUSCA partes o patrones que ya conoces.

- Si puedes leer pan, puedes leer pantano y pantalón.
- Si puedes leer boca, puedes leer foca.
- Si puedes leer buscan, puedes leer buscando.

ESCUCHA los sonidos y las sílabas.

- Di la palabra despacio. Escucha todos los sonidos y trata de dividir la palabra en sílabas.

/g/ /a/ /n/ - /s/ /o/ → ganso

PIDE ayuda.

Palabras para todos los días

Hay ciertas palabras que usas casi todos los días.

A
- abrir
- abuelo
- agua
- ahí
- ahora
- algo
- alguno
- allí
- alto
- amarillo

- amigo
- animal
- antes
- año
- aprender
- aquí
- arriba
- así
- ayudar
- azul

B
- bailar
- bajar
- bajo
- banco
- bebé
- bien
- bonito
- bosque
- bueno
- buscar

C
- caballo
- cada
- caer
- caja
- calle
- cama
- caminar
- cantar
- casa
- cerca
- claro
- color
- comer
- comida
- como

- comprar
- contar
- contento
- contestar
- correr
- cosa
- crecer
- creer
- cuando
- cuarto
- cuidado

Ch
- chaqueta
- cheque
- chico
- chivo

D
- dar
- de
- deber
- decir
- dedo
- dejar
- del
- dentro
- desde
- después
- doble
- don
- donde
- dormir
- dos

E
él
ella
ellos
empezar
encontrar
enseñar
entonces
entrar
eres
esconder
escuela
ese
esperar
estar
este
estoy

F
familia
feliz
feo
fin
fuerte

G
ganar
gordo
gracias
grande
gritar
gustar

H
haber
hablar
hacer
hasta
hay

hoy
I idea
ir
J jugar
junto
L la
lado
largo
le
leer
lejos
levantar
lindo
listo
lo
los

Ll
- llamar
- llegar
- llevar
- llover

M
- mañana
- más
- me
- mejor
- meter
- mi
- miedo
- mirar
- mismo
- mucho
- muñeca
- muy

N
- nada
- nadar
- nadie
- necesitar
- ni
- no
- niño
- nos
- nuevo
- nunca

O
- oír
- oso
- otro

P
- pan
- papel
- para
- parecer
- pasar
- pedir
- pensar
- pequeño
- pero
- perro
- pintar
- poco
- poder
- poner
- porque
- preguntar
- primero
- pronto
- pues

Q
- que
- quedar
- querer
- quien
- quieto
- quinto

R
- rana
- rápido
- rato
- regresar
- río
- risa
- rojo
- rosa

S
- sábado
- sábana
- saber
- sacar
- salir
- saltar
- sapo
- se
- sé
- seco
- seguir
- semana
- semilla
- sentar
- sentir
- señor
- señorita
- ser
- si
- sí
- siempre
- siete
- sin
- sobre
- sol
- solo
- sombrero
- son
- sonreír
- sorpresa
- soy
- su
- subir
- susto

T
- también
- tan
- tanto
- tarde
- te
- tener
- tengo
- tiempo
- tierra
- tío
- tirar
- títere
- tocar
- todavía
- todo
- tomar

- trabajar
- traer
- tres
- triste
- tu
- tú

U
- un
- usar
- usted

V
- va
- vamos
- van
- vas
- ven
- vender
- venir

- veo
- ver
- verdad
- vez
- viejo
- vivir
- volar
- volver
- voy

Y
- ya
- yarda
- yema
- yo

Z
- zapato
- zoológico
- zorro

La palabra correcta

Los **homófonos** son palabras que suenan igual pero se escriben de forma distinta y tienen distintos significados.

ay, hay

¡Ay, qué cantidad de abejas!
Hay miles de abejas en el árbol.

abría, habría

Él abría la puerta despacio.
No habría frío si cerrara la puerta.

beses, veces

No beses al perro.
Te lo he dicho muchas veces.

botar, votar

Vamos a botar la basura. Vamos a votar para ver cuál nos gusta más.

calló, cayó

Se calló y no dijo nada más.
Se cayó de la escalera.

casa, caza

La casa tiene tres habitaciones.
Mi gato caza ratones.

cien, sien

La huerta tiene cien árboles.
La sien está al lado del ojo.

cierra, sierra

Cierra la puerta, por favor.
Cortas madera con una sierra.

hierba, hierva

> Jugamos afuera en la hierba.
> Espera hasta que hierva el agua.

risa, riza

> Papá tiene una risa fuerte.
> Rosa se riza el pelo.

tubo, tuvo

> Dame el tubo de pasta de dientes.
> No tuvo más problemas con el dentista.

96

Estudio de palabras

Nuestro idioma está compuesto por letras, sonidos y sílabas. Saber más sobre ellos te ayudará a leer y aprender nuevas palabras.

Aa

águila

abeja
agua
amigo
araña
árbol
ardilla
azul

Bb

bicicleta

ballena
barco
bebé
boca
bosque
bota
burro

99

Cc

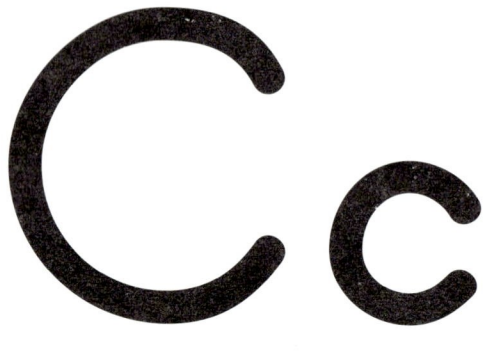

cometa

caballo
canguro
cola

cereal

cebra
cielo
ciudad

100

Ch

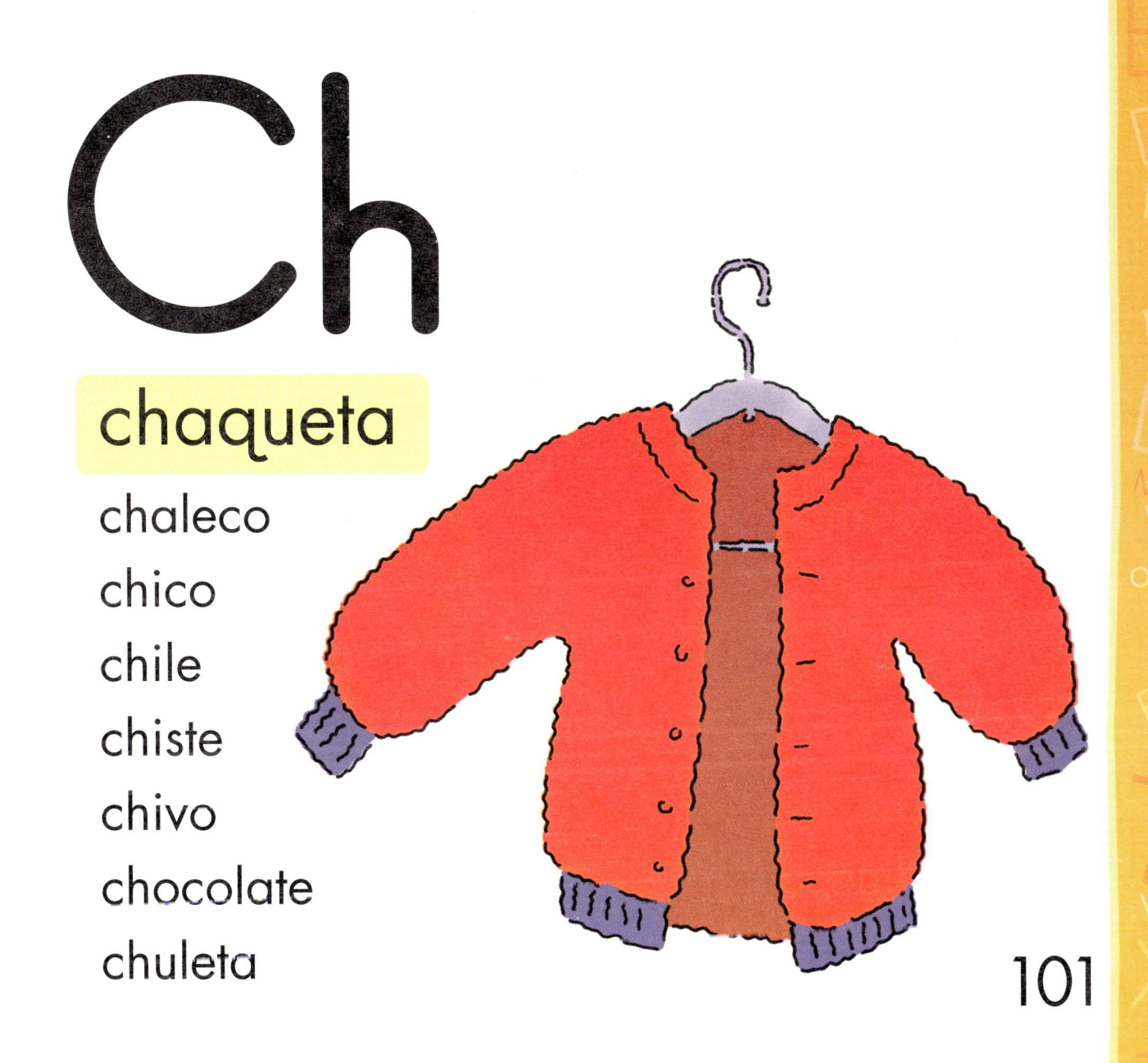

chaqueta

chaleco
chico
chile
chiste
chivo
chocolate
chuleta

Dd

diamante

dama
dedo
delfín
día
diente
dinosaurio
durazno

Ee

elefante

edad

elote

equipo

escalera

escuela

estrella

103

Ff

flor
faro
feria
fiesta
fila
florero
foca
foto

104

Gg

gusano

gallina

gato

globo

gorra

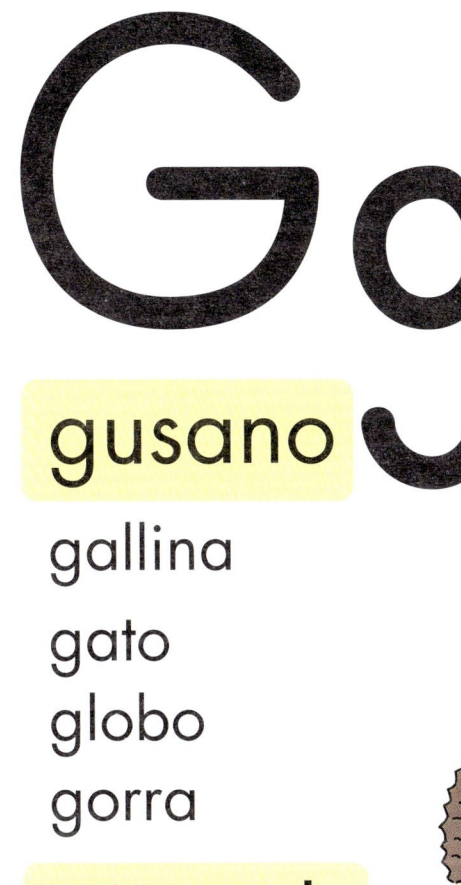

girasol

gemelos

gente

105

Hh

helado

hamaca
hijo
hombre
hormiga
hora
hoy
huevo

I i

iglú

idea

iglesia

iguana

imán

insecto

invierno

isla

107

Jj

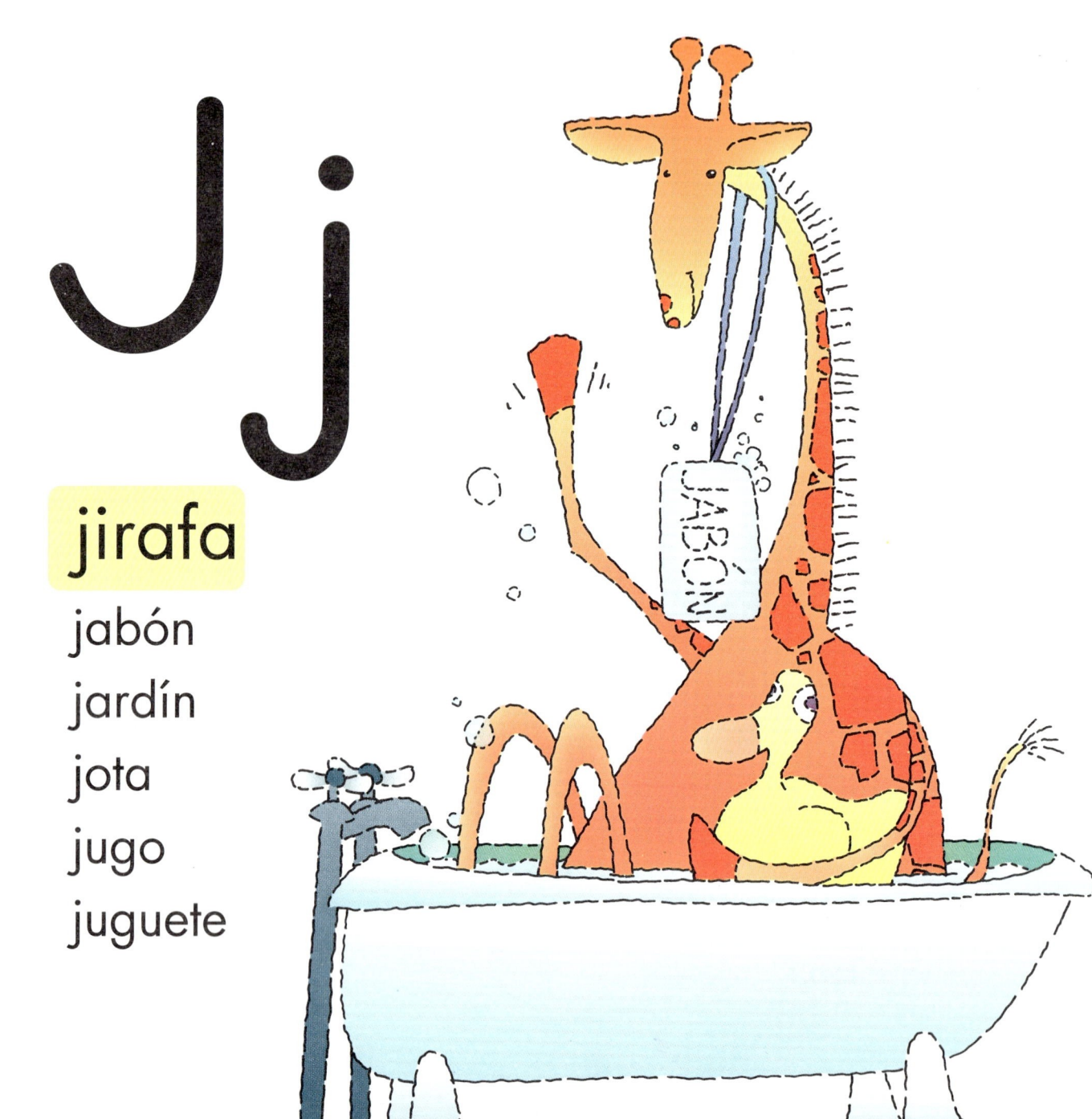

jirafa

jabón

jardín

jota

jugo

juguete

Kk

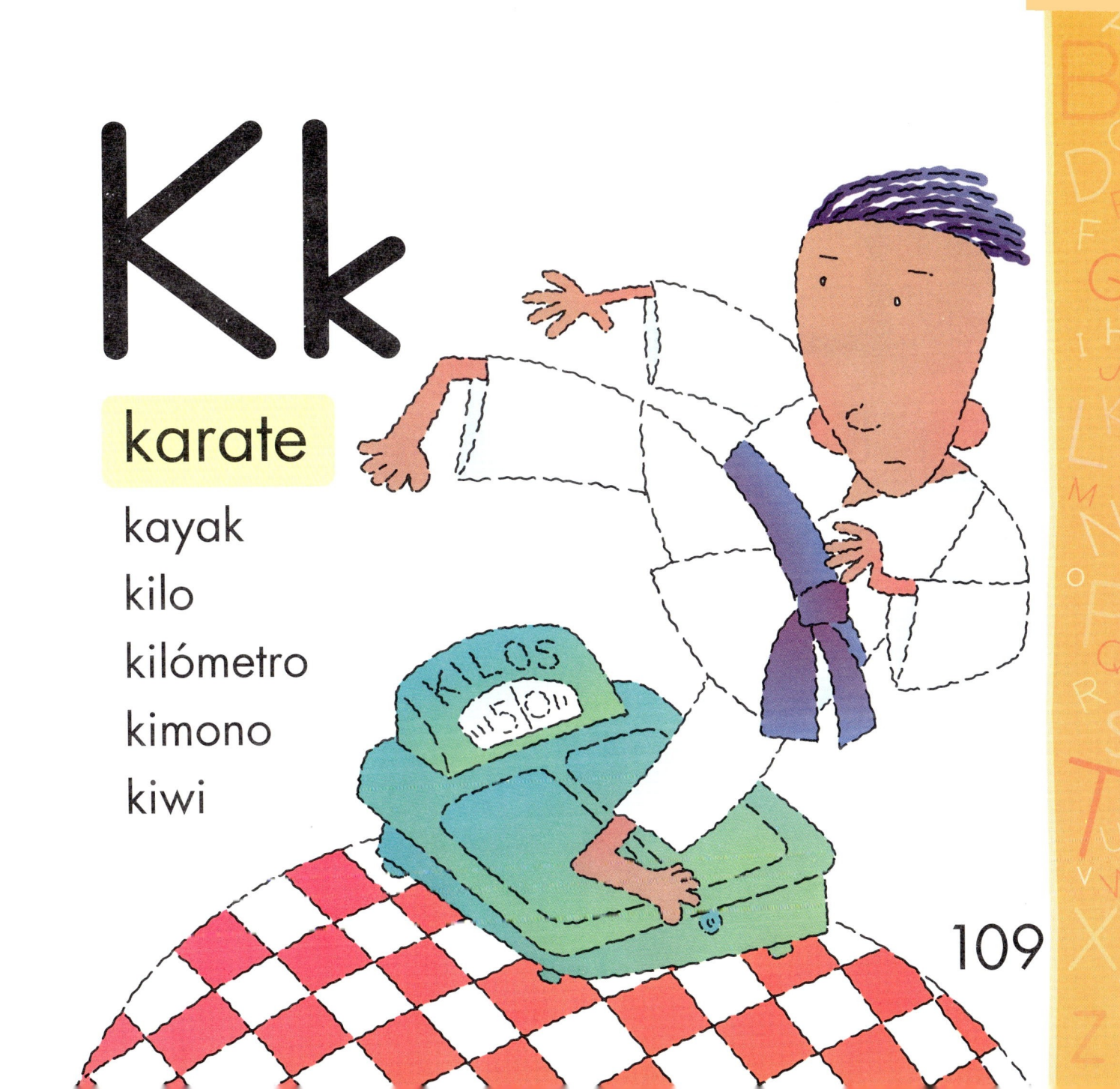

karate

kayak

kilo

kilómetro

kimono

kiwi

109

Ll

lobo

lápiz
letrero
libro
lugar
luna
luz

Ll ll

llama

ll anta
ll ave
ll uvia
amari ll o

111

Mm

moño

mamá

mano

mar

mariposa

mesa

moto

música

Nn

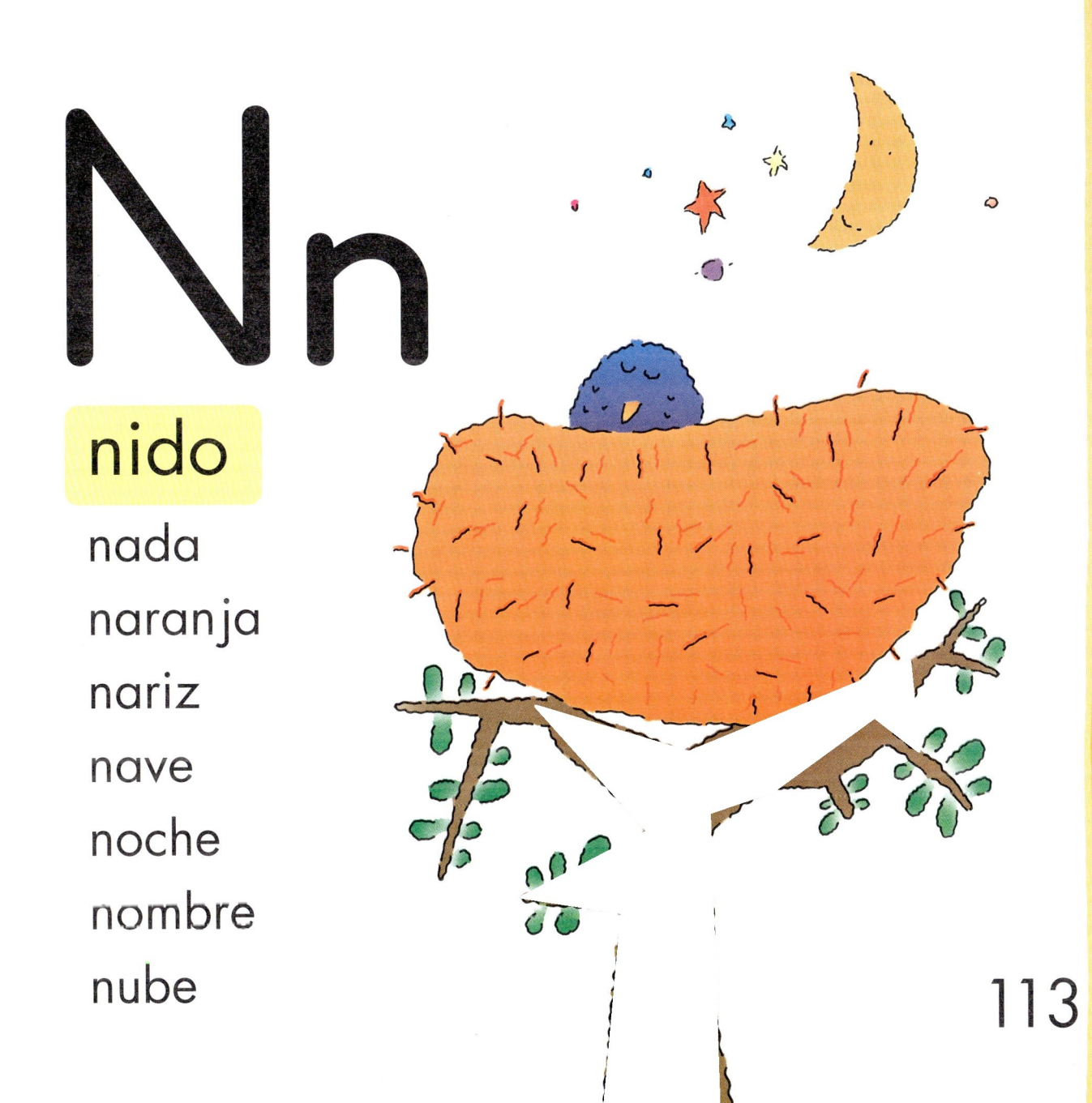

nido

nada

naranja

nariz

nave

noche

nombre

nube

Ññ

niña

año
daño
mañana
montaña
muñeca
piña

114

Oo

oso

ocho

ojo

ola

olla

oreja

otoño

P p

pingüino

pájaro

pelota

pescado

pies

Polo Sur

Qq

queso

quehacer

quemar

querido

quince

quizás

Rr

ratón

rey
risa
rojo

pera

oreja
gorila
toro

rr

zorro

ba**rr**o

bu**rr**ito

ca**rr**o

go**rr**a

pe**rr**o

tie**rr**a

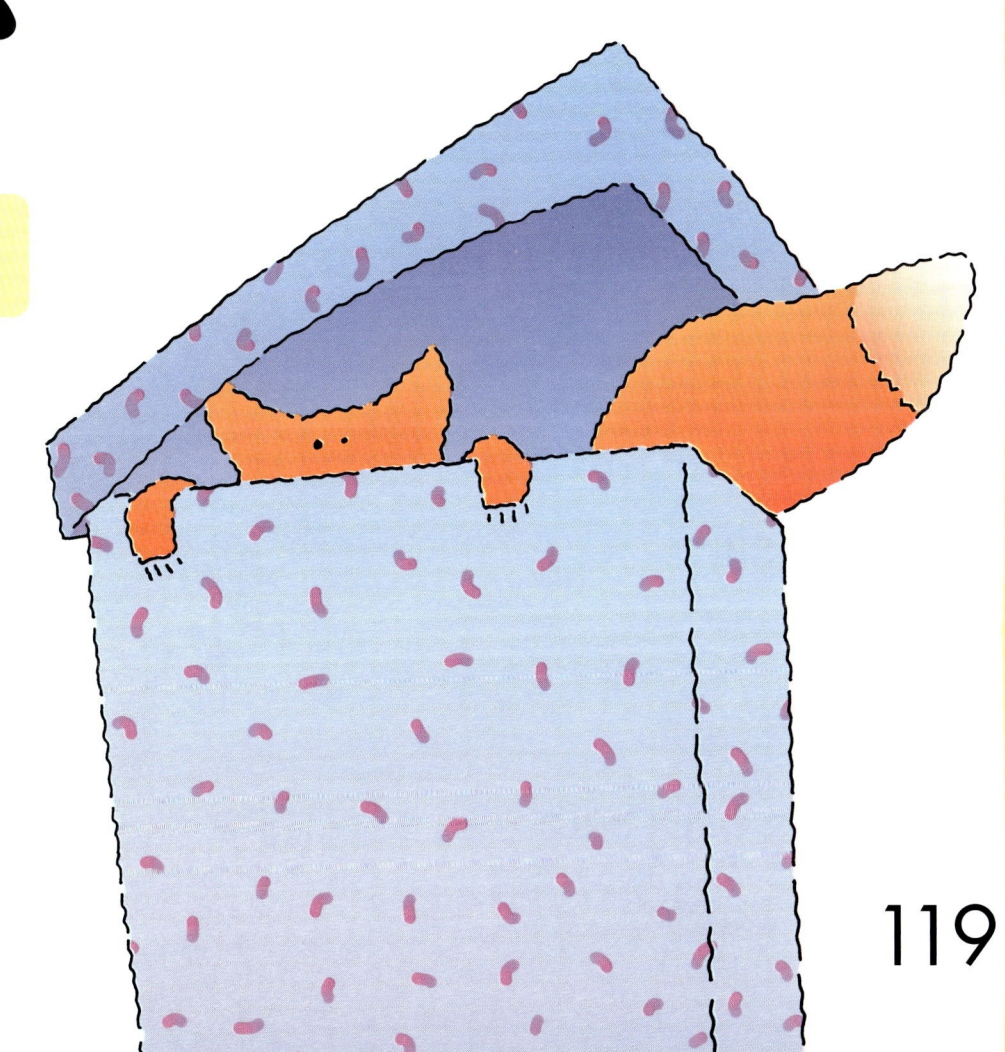

Ss

sombrero

sapo

semana

silla

sol

sopa

sorpresa

sueño

T t

tortuga

taza
televisor
tigre
tomate
toro
túnel

121

Uu

unicornio

uniforme

uno

uña

urraca

uva

Vv

vaca

vaquero

vaso

ventana

verde

viento

voz

Ww Xx

Washington

Ha**w**ai
ki**w**i

taxi

xilófono
bo**x**eo

Yy Zz

yoyo

yate

yegua

yema

yeso

zapato

zanahoria

zona

zoológico

zorro

125

Combinaciones de consonantes

Las **combinaciones de consonantes** son dos consonantes que se pronuncian juntas en una misma sílaba. Nunca se deben dividir.

bl • br	blusa	abrazo
cl • cr	ancla	crema

dr	dragón	padre	madrina
fl • fr	flor	inflar	fresa
gl • gr	globo	inglés	granja
pl • pr	plato	precio	aprendo
tr	tren	tronco	atrapar

Sonidos especiales

Cuando la **c** y la **g** van seguidas por la **e** o la **i**, tienen un sonido especial.

ce	ci	ge	gi
ceja	cielo	gemelo	gigante
cena	cine	genio	gimnasio
ceniza	cinco	gente	giro
centavo	ciruela	gerente	girasol
cepillo	cita	gesto	gitano

En las sílabas **gue** y **gui**, la **u** sólo se pronuncia cuando lleva dos puntos encima. Si no lleva dos puntos encima, es muda.

La *u* es muda   **La *u* se pronuncia**

gue	gui	güe	güi
pague	guía	cigüeña	lengüita
sigue	guitarra	desagüe	pingüino

En las sílabas *que* y *qui*, la *u* siempre es muda.

que	qui
que queso	quita aquí

Diptongos

Los **diptongos** son dos vocales que se pronuncian juntas en una misma sílaba.

ay	ey	oy	uy
ay	ley	soy	uy
hay	rey	voy	muy

ia	ie	io
diamante	bien	patio
media	pies	radio

ua	ue	ui
agua	huevo	cuidado
iguana	trueno	ruido

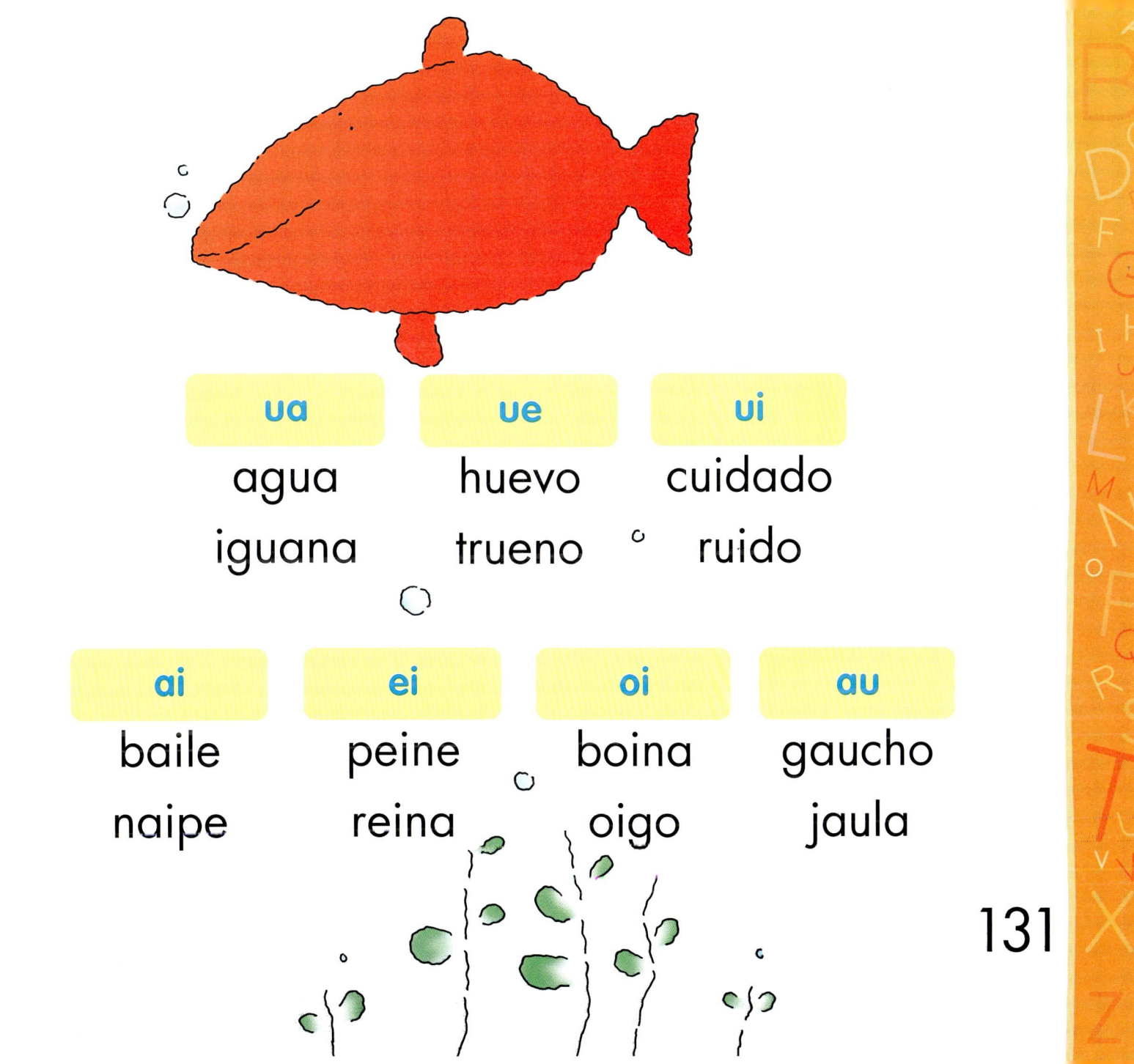

ai	ei	oi	au
baile	peine	boina	gaucho
naipe	reina	oigo	jaula

Familias de rimas

Las rimas te pueden ayudar a leer y escribir palabras nuevas. Además, ¡son divertidas!

Si sabes estas palabras, **puedes leer y escribir éstas.**

| sal | mal | tal | cal |

| modo | lodo | codo | todo |

| pato | gato | rato | zapato |

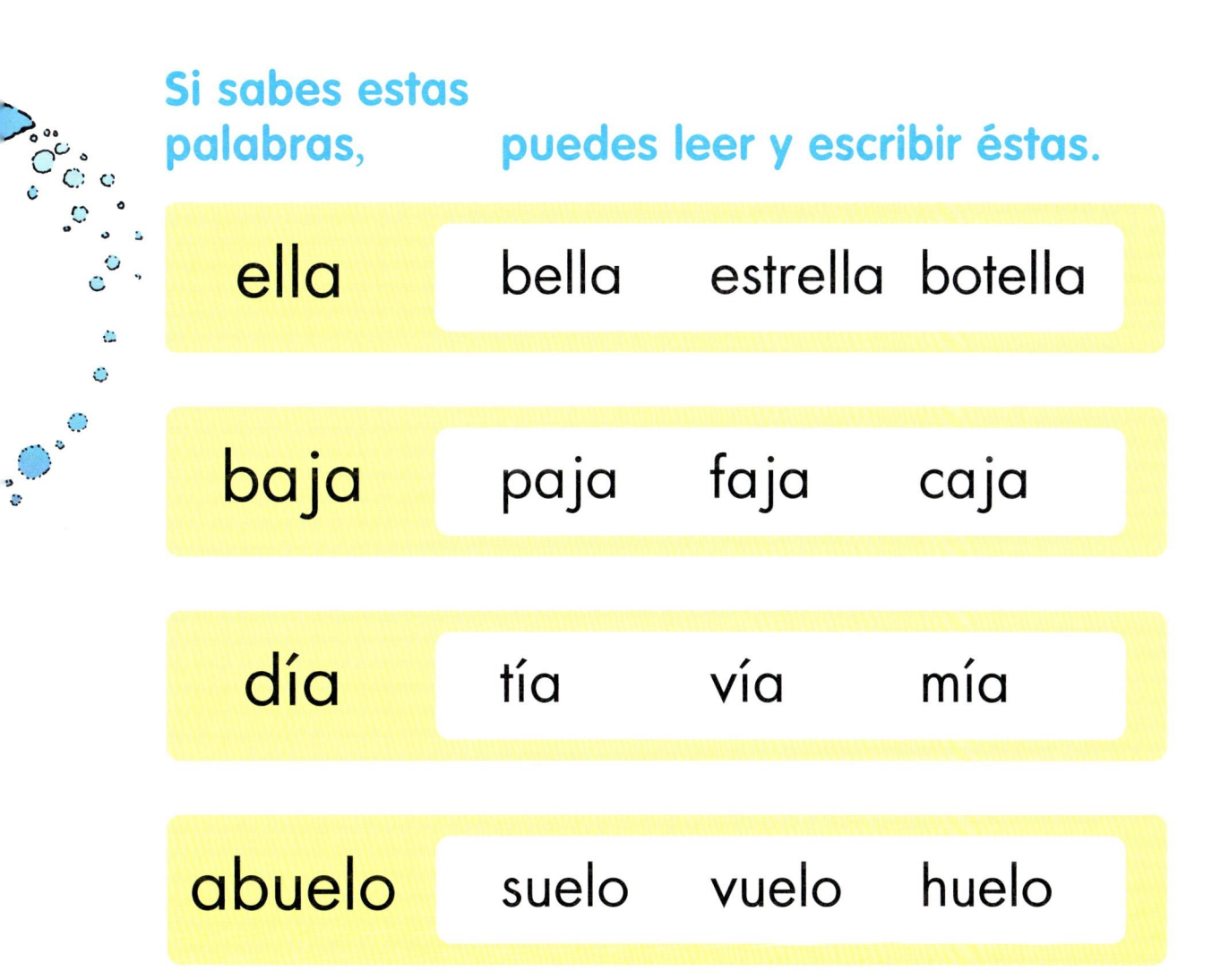

Si sabes estas palabras, **puedes leer y escribir éstas.**

| ella | bella | estrella | botella |

| baja | paja | faja | caja |

| día | tía | vía | mía |

| abuelo | suelo | vuelo | huelo |

al y del

Las palabras *al* y *del* son **contracciones** de las palabras *a el* y *de el*. Quitas la letra *e* y unes las palabras.

a + el → **al**

Vamos [a el] cine.
Vamos **al** cine.

de + el → **del**

Te llamo [de el] cine.
Te llamo **del** cine.

Palabras compuestas

Un **palabra compuesta** es una palabra larga que está formada por dos palabras más cortas.

Dos palabras		Palabra compuesta
abre + latas	=	abrelatas
saca + puntas	=	sacapuntas
para + caídas	=	paracaídas
salta + montes	=	saltamontes
para + sol	=	parasol

El almanaque del estudiante

136

Palabras, mapas y listas útiles

Te encantará usar estas páginas: tratan de palabras temáticas, mapas, las matemáticas, las computadoras y la caligrafía.

Palabras temáticas

Este capítulo incluye listas de palabras para temas importantes que estudiarás en la escuela.

Temas

- ▶ El calendario
- ▶ Números y colores
- ▶ Las estaciones y el tiempo
- ▶ Lugares
- ▶ Plantas
- ▶ La pirámide de los alimentos
- ▶ Animales
- ▶ Los cinco sentidos

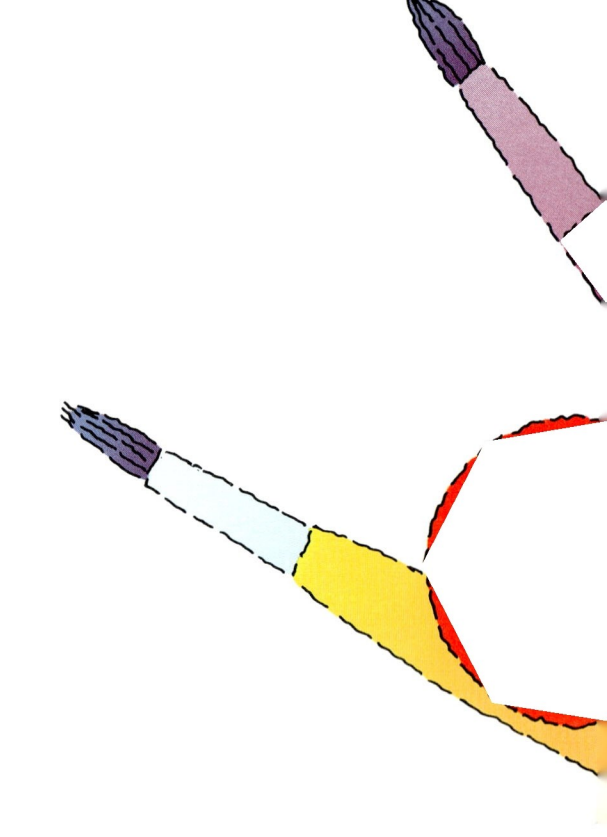

El calendario

Aquí tienes los nombres de cada **mes** y cada **día de la semana**.

enero
febrero
marzo
abril
mayo
junio
julio
agosto
septiembre
octubre
noviembre
diciembre

domingo
lunes
martes
miércoles
jueves
viernes
sábado

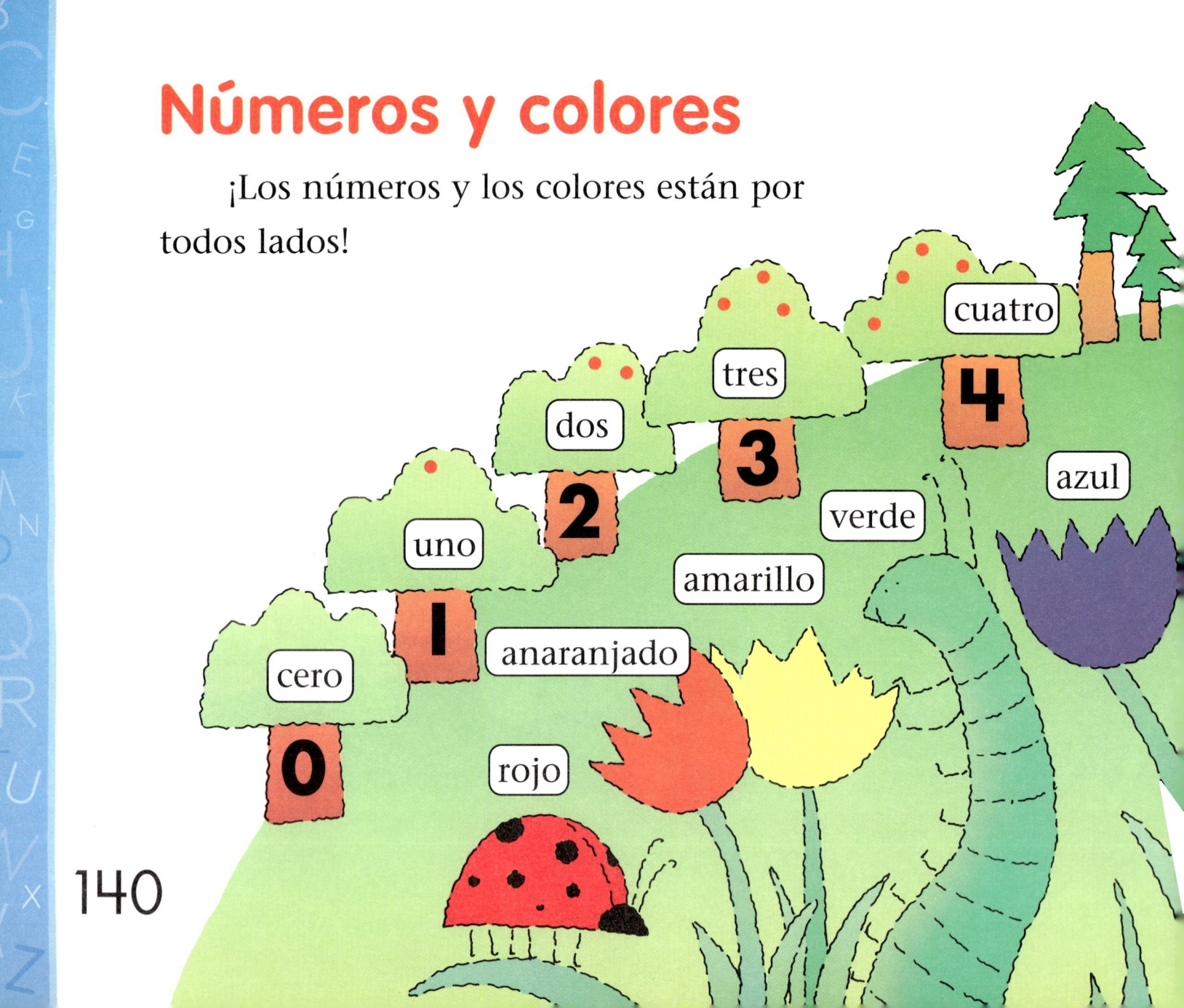

Números y colores

¡Los números y los colores están por todos lados!

cuatro
4
tres
3
dos
2
uno
1
cero
0

azul
verde
amarillo
anaranjado
rojo

cinco — 5
seis — 6
siete — 7
ocho — 8
nueve — 9
diez — 10

morado
rosado
blanco
gris
café
negro

141

Las estaciones y el tiempo

Hay cuatro estaciones en el año. Cada estación tiene distintos tipos de tiempo. Se usan palabras especiales para hablar y escribir sobre las estaciones y el tiempo.

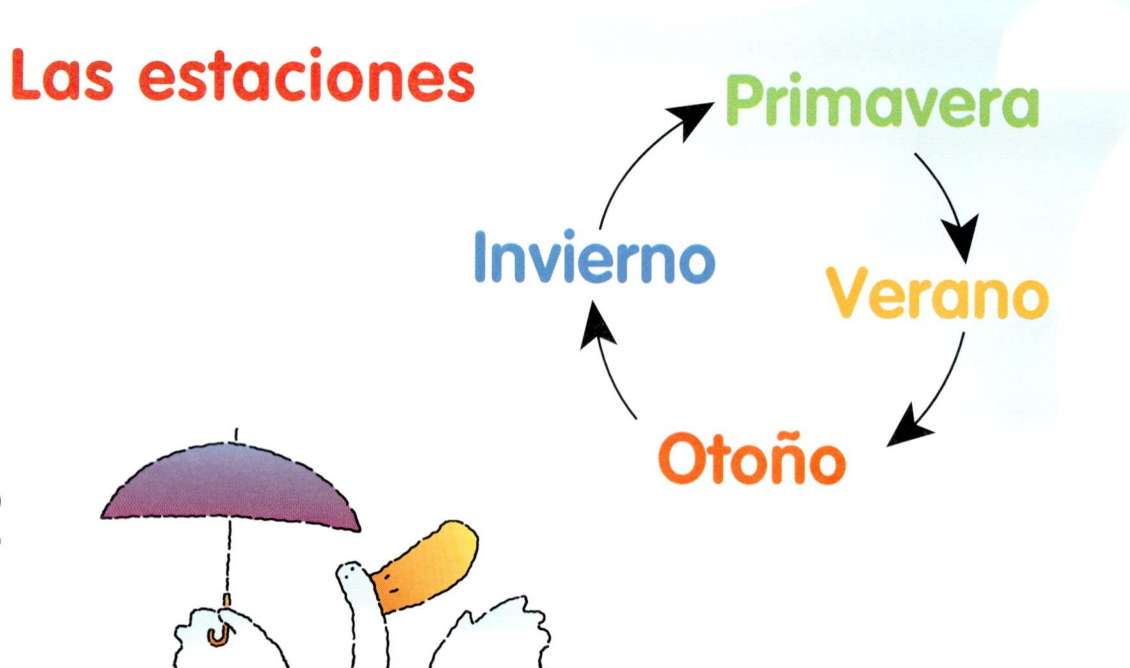

Las estaciones

Primavera

Verano

Otoño

Invierno

Palabras para el tiempo

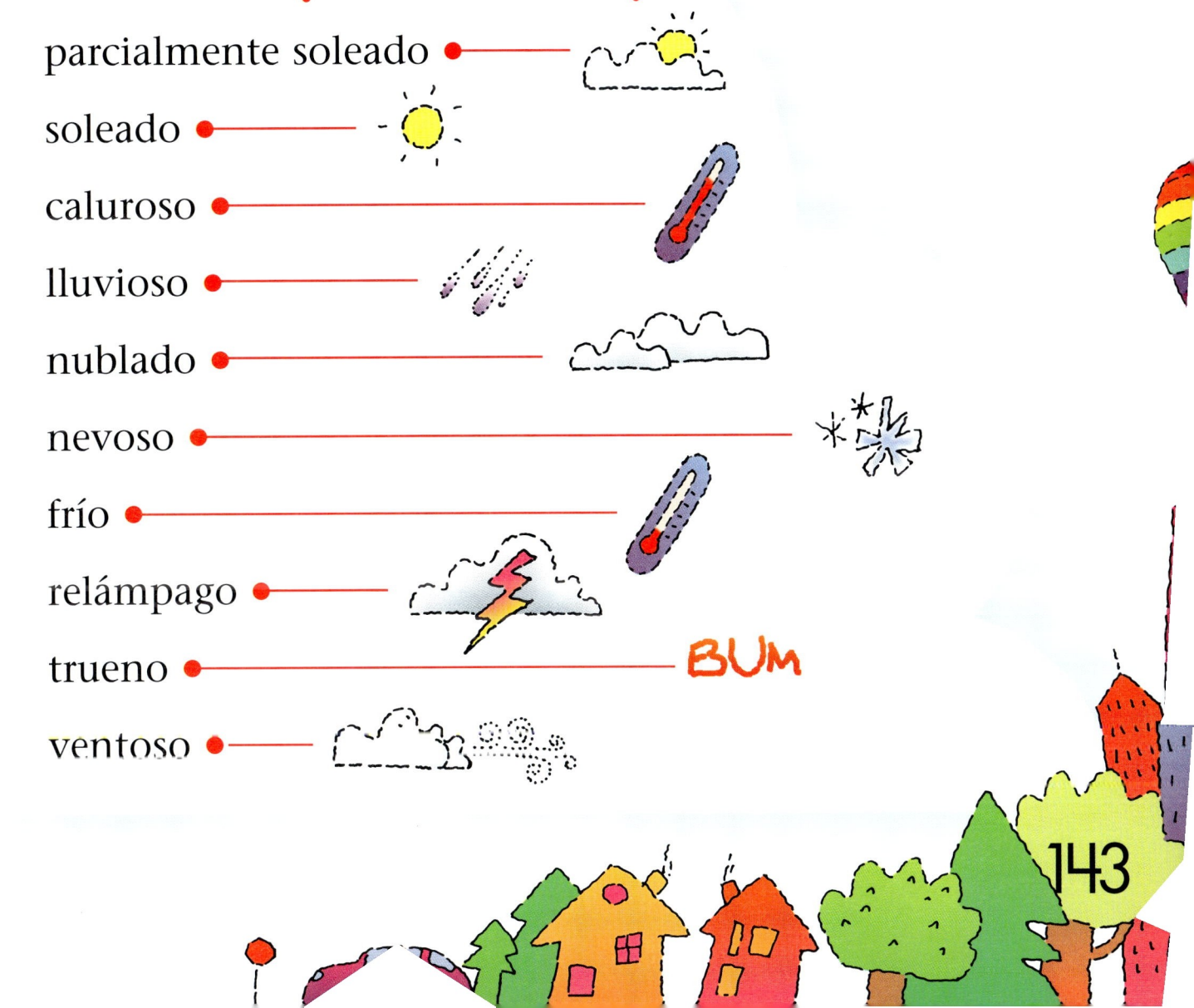

parcialmente soleado

soleado

caluroso

lluvioso

nublado

nevoso

frío

relámpago

trueno — BUM

ventoso

143

Lugares

¡Es divertido conocer nuevos lugares!

- mesa
- cañón
- playa
- desierto
- montañas
- colinas
- río
- valle
- bosque
- sendero

144

cielo

isla

granja

campo

prado

ciudad

océano

puente

camino

calle

lago

carretera

145

Plantas

Muchos tipos de plantas crecen en la tierra. Las flores y los árboles son dos tipos de plantas. Las plantas necesitan sol, agua y tierra para crecer.

Las raíces sacan agua y alimento de la tierra.

flor

hojas

tallo

raíces

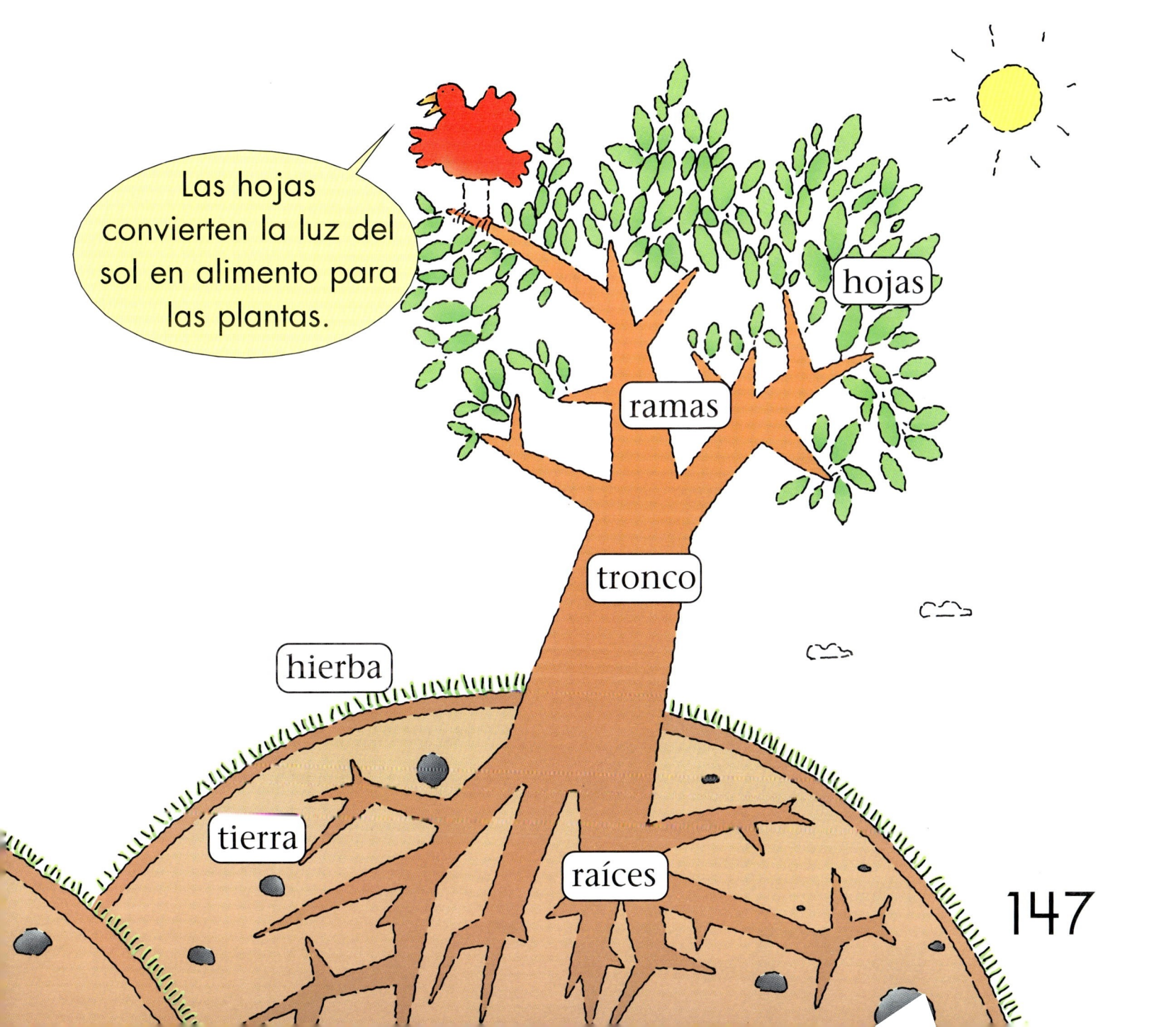

Las hojas convierten la luz del sol en alimento para las plantas.

hojas

ramas

tronco

hierba

tierra

raíces

147

La pirámide de los alimentos

Esta pirámide te enseña cómo comer saludablemente.

Come más comidas de la parte de abajo y menos de la parte de arriba.

carne, pescado, frijoles, huevos, nueces

frutas

pan, cereal, arroz, tallarines

148

- grasas, aceite, dulces
- leche, yogur, queso
- legumbres

Los animales

Océanos	Bosques	Praderas
ballena	ardilla	antílope
cangrejo	castor	búfalo
estrella de mar	mapache	cebra
manta raya	oso	elefante
pez	puercoespín	hipopótamo
pulpo	venado	jirafa
tiburón	zorrillo	león

Desiertos

alacrán
araña
coyote
culebra
lagartija
murciélago

Selvas tropicales

hormiga
mono
papagayo
perezoso
sapo
tarántula

Regiones polares

armiño
foca
morsa
oso polar
pingüino
reno

Los cinco sentidos

Descubre el mundo con tus sentidos.

Dos ojitos para **mirar**.
Dos oídos para **escuchar**.
Con las manos **toco**
 el suelo.
Con la nariz las flores **huelo**.
Con la boca **saboreo**
 la riqueza
 ¡de un gran helado
 de fresa!

153

Mapas

Los mapas te ayudan a encontrar los lugares que quedan cerca y los que quedan lejos.

Signos en los mapas

La **rosa de los vientos** muestra las direcciones. La N es para el norte, la E es para el este, la S es para el sur y la O es para el oeste.

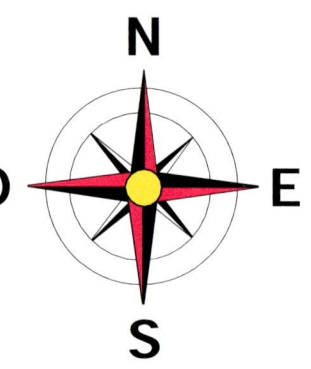

La **clave** explica los símbolos de un mapa.

Estados Unidos
- ★ Capital nacional
- ----- Fronteras de estados

CANADÁ
WASHINGTON
OREGON
IDAHO
MONTANA
WYOMING
NORTH DAKOTA
SOUTH DAKOTA
NEBRASKA
MINNESOTA
WISCONSIN
MICHIGAN
Lago Superior
Lago Hurón
Lago Michigan
Lago Erie
Lago Ontario
VERMONT
MAINE
NEW HAMPSHIRE
MASSACHUSETTS
RHODE ISLAND
CONNECTICUT
NUEVA YORK
PENNSYLVANIA
NUEVA JERSEY
MARYLAND
DELAWARE
Washington DC
CALIFORNIA
NEVADA
UTAH
COLORADO
KANSAS
IOWA
ILLINOIS
INDIANA
OHIO
WEST VIRGINIA
VIRGINIA
KENTUCKY
MISSOURI
ARIZONA
NUEVO MÉXICO
OKLAHOMA
ARKANSAS
Río Mississippi
TENNESSEE
NORTH CAROLINA
SOUTH CAROLINA
MISSISSIPPI
ALABAMA
GEORGIA
TEXAS
LOUISIANA
FLORIDA
OCÉANO PACÍFICO
OCÉANO ATLÁNTICO
Golfo de México
MÉXICO
CUBA
ALASKA
CANADÁ
HAWAI
N
S
E
O
Estados Unidos
Capital nacional
Fronteras de estados

América del Norte

- OCÉANO ÁRTICO
- ALASKA (EE.UU.)
- GROENLANDIA
- CANADÁ
- OCÉANO PACÍFICO
- ESTADOS UNIDOS
- OCÉANO ATLÁNTICO
- MÉXICO
- Gulfo de México
- ANTILLAS
- AMÉRICA CENTRAL
- AMÉRICA DEL SUR

156

México y América Central

ESTADOS UNIDOS

OCÉANO ATLÁNTICO

GOLFO DE MÉXICO

MÉXICO

OCÉANO PACÍFICO

BAHAMAS

CUBA

REP. DOMINICANA

HAITÍ

PUERTO RICO

S. CRISTÓBAL-NEVIS

ANTIGUA Y BARBUDA

JAMAICA

DOMINICA

BELICE

GUATEMALA

HONDURAS

SANTA LUCÍA

SAN VICENTE

EL SALVADOR

NICARAGUA

MAR CARIBE

GRANADA

BARBADOS

TRINIDAD Y TOBAGO

COSTA RICA

PANAMÁ

157

América del Sur

El mundo
Continentes y océanos

- OCÉANO ÁRTICO
- AMÉRICA DEL NORTE
- OCÉANO ATLÁNTICO
- ECUADOR
- AMÉRICA DEL SUR
- OCÉANO PACÍFICO
- EUROPA
- ÁFRICA
- ASIA
- OCÉANO ÁRTICO
- OCÉANO PACÍFICO
- OCÉANO ÍNDICO
- AUSTRALIA
- ANTÁRTIDA

159

Las matemáticas

Usas las matemáticas todos los días. Dices la hora. Cuentas tu dinero para el almuerzo. Sumas y restas cuando compartes cosas con tus amigos.

En esta sección encontrarás tablas que te muestran cómo las matemáticas pueden agudarte.

La hora

Los **relojes de esfera** muestran la hora con manecillas que marcan los números. Los **relojes digitales** muestran la hora con números. Ambos de estos relojes muestran las 2:30.

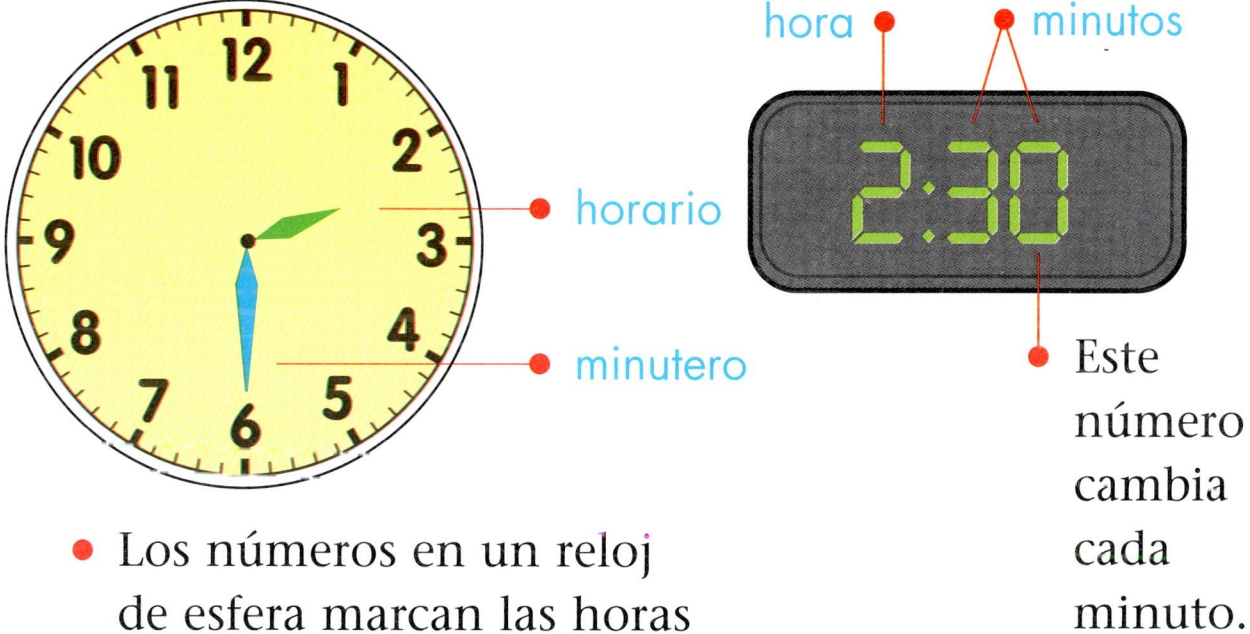

hora • minutos

• horario

• minutero

• Este número cambia cada minuto.

- Los números en un reloj de esfera marcan las horas y también los minutos.

Los números del 1 al 100

La tabla de abajo te ayudará a contar de 1 en 1, de 5 en 5 y de 10 en 10.

Tabla de cien

1	2	3	4	5	6	7	8	9	10
11	12	13	14	15	16	17	18	19	20
21	22	23	24	25	26	27	28	29	30
31	32	33	34	35	36	37	38	39	40
41	42	43	44	45	46	47	48	49	50
51	52	53	54	55	56	57	58	59	60
61	62	63	64	65	66	67	68	69	70
71	72	73	74	75	76	77	78	79	80
81	82	83	84	85	86	87	88	89	90
91	92	93	94	95	96	97	98	99	100

Valor relativo

Esta tabla muestra qué vale cada parte de un número.

centenas	decenas	unidades		
		7	=	7
	1	0	=	10
	3	2	=	32
	5	5	=	55
1	0	0	=	100

7 = 0 centenas   0 decenas   7 unidades
10 = 0 centenas   1 decena   0 unidades
32 = 0 centenas   3 decenas   2 unidades
55 = 0 centenas   5 decenas   5 unidades
100 = 1 centena   0 decenas   0 unidades

Gráficas de barras

Una **gráfica de barras** muestra cantidades.

La estación favorita de los niños

Número de niños

	primavera	verano	otoño	invierno

primavera = 5
verano = 9
otoño = 4
invierno = 7

Dinero

un dólar = 4 monedas de 25 centavos

un dólar = 10 monedas de 10 (cuenta de 10 en 10)

un dólar = 20 monedas de 5 (cuenta de 5 en 5)

un dólar = 100 centavos (cuenta de 1 en 1)

Suma y resta

Sumar significa combinar números.

$$4 + 2 = 6$$
total

- Esto dice que cuatro más dos son seis.

Restar significa quitar algo.

$$6 - 4 = 2$$
diferencia

- Esto dice que seis menos cuatro son dos.

Fracciones

Una **fracción** es una parte de algo entero.

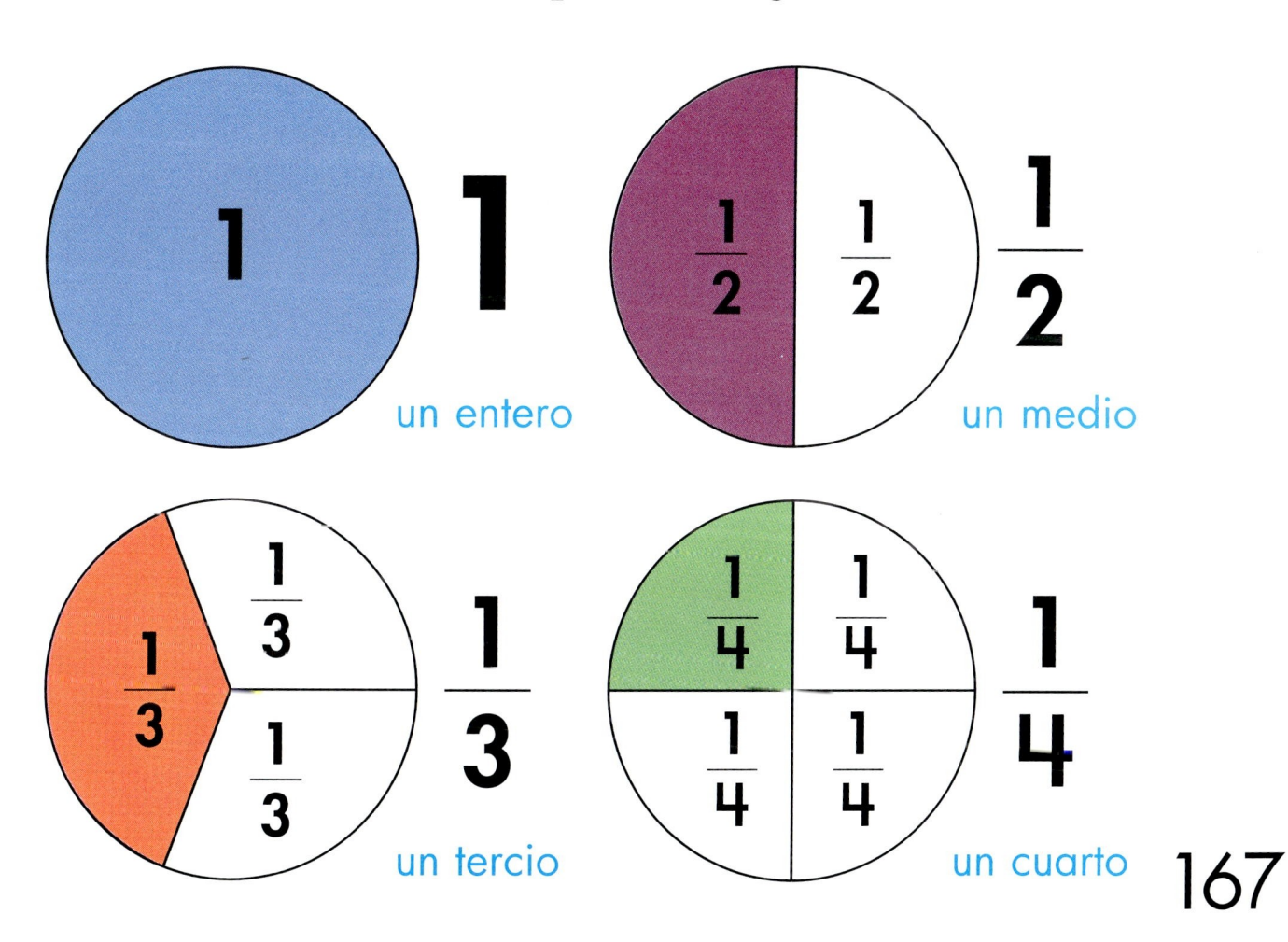

1 — un entero

$\frac{1}{2}$ — un medio

$\frac{1}{3}$ — un tercio

$\frac{1}{4}$ — un cuarto

Las computadoras

Mientras más sepas sobre las computadoras, más puedes hacer con ellas. Puedes usar las computadoras para escribir y para hacer muchas otras cosas.

Las partes de una computadora personal

ratón

Mi primo Roberto

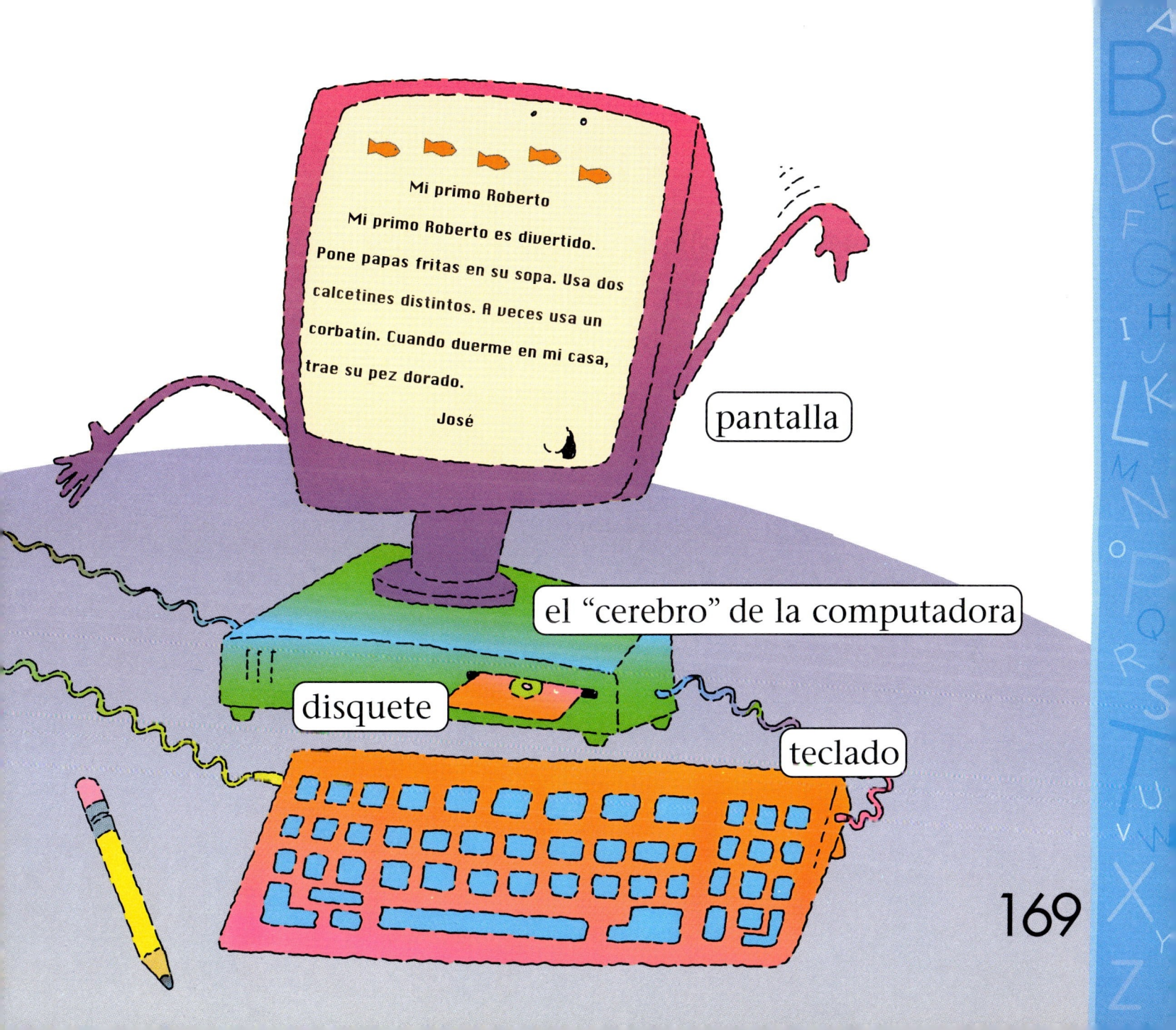

Mi primo Roberto es divertido. Pone papas fritas en su sopa. Usa dos calcetines distintos. A veces usa un corbatín. Cuando duerme en mi casa, trae su pez dorado.

José

pantalla

el "cerebro" de la computadora

disquete

teclado

La caligrafía

Si usas buena caligrafía, será más fácil para ti y para otros leer y disfrutar tus escritos.

Consejos para la caligrafía

- Mira modelos de buena caligrafía.
- Practica mucho las letras.
- Deja espacios entre las palabras.
- Inclina todas las letras en la misma dirección.

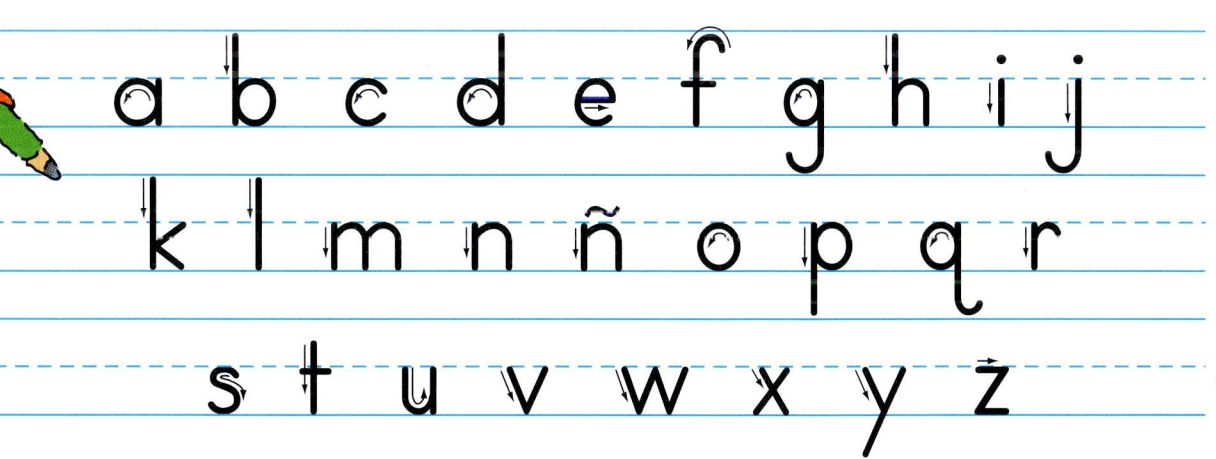

Modelos para el alfabeto normal

A B C D E F G
H I J K L M N Ñ
O P Q R S T U
V W X Y Z

a b c d e f g h i j
k l m n ñ o p q r
s t u v w x y z

171

Modelos para el trazo continuo

A B C D E F G
H I J K L M N Ñ
O P Q R S T U
V W X Y Z

a b c d e f g h i j
k l m n ñ o p q r
s t u v w x y z

Índice

El **índice** te puede ayudar a encontrar información en tu manual. Digamos que quieres escribir una carta. Busca en tu índice bajo "Cartas amistosas" para aprender a hacerlo.

A

Adjetivos, 35
Alfabeto,
    letras, sonidos y palabras, 98-125
    libros alfabéticos, 66
    palabras del, 98–125
    palabras para todos las días, 86–91
Animales, 150–151

C

Calendario, 139
Caligrafía, 170–172
Cartas amistosas, 44–45
Cinco sentidos, 152–153
Comas, 32
Combinaciones de consonantes, 126–127
Comienzo, escribir el, 73
Comillas, 32
Computadoras, 168–169
Cómo ser un buen escritor, 9–19
Contracciones *al* y *del*, 134
Cuentos de ti mismo, 46–47
Cuentos, 72–73

D

Desarrollo, escribir el, 73
Descripciones, 52–53
Diarios de estudio, 68–69
Diarios, 38–39
Días de la semana, 139
Diptongos, 130–131
Domicilio,
    poner el domicilio en el sobre, 45

E

Escribir
    cartas amistosas, 44–45
    cuentos de ti mismo, 46–47
    cuentos, 72–73
    descripciones, 52–53
    diarios de estudio, 68–69
    diarios, 38–39
    informes, 62–65
    instrucciones, 54–55
    libros alfabéticos, 66–67
    listas, 40–41
    notas amistosas, 42–43
    para escribir bien, 20–21
    pies de fotos o ilustraciones, 56–57
    poemas, 74–79
    sobre libros, 58–59
Estaciones y el tiempo, 142–143

F

Familias de rimas, 132–133
Final, escribir el, 73

I

Informes, 62–65
Instrucciones, 54–55

L

Lectura, destrezas de, 81–83
    palabras nuevas, 84
    palabras para todos los días, 86–91
Leer para entender, 82–83
Libros alfabéticos, 66–67
Listas, 40–41
Lugares, 144–145

M

Mapas, 154–155
    América Central, 157
    América del Norte, 156
    América del Sur, 158
    El mundo, 159
    Estados Unidos, 155
Matemáticas,
    dinero, 165
    fracciones, 167
    gráficas de barras, 164
    la hora, 161
    los números del 1 al 100, 162
    suma y resta, 166
    valor relativo, 163
Mayúsculas, 30
Meses, 139
Método de escribir
    corregir, 24
    escribir, 23
    hacer un plan, 22
    los cinco pasos, 22–25
    publicar, 25
    revisar, 24

N

Nombres, 34
Notas amistosas, 42–43
Números y colores, 140–141

O

Oraciones, 28–29
    oración que cuenta, 29
    oración que hace una pregunta, 29
    oración que muestra emoción, 29

P

Palabras
    homófonos, 92–95
    del alfabeto, 98–125
    compuestas, 135
    para todos los días
    contracciones *al* y *del*, 134
Pies de fotos o ilustraciones, 56–57
Pirámide de los alimentos, 148–149
Plantas, 146–147
Plurales, 31
Poemas, 74–79
Pronombres, 34
Puntos, 32
Puntuación, 32–33

R

Rayas, 33

S

Signos de exclamación, 32
Signos de interrogación, 32
Sonidos especiales
   ce, ci/ge, gi, 128
   gue, gui/güe, güi, 129
   que, qui, 129

T

Tabla de contenido, 4–7

V

Verbos, 35